京津冀企业的

环境价值观 · 影响因素 · 行为效果研究

王志亮 \ 著

JINGJINJI QIYE DE

HUANJING JIAZHIGUAN
YINGXIANG YINSU
XINGWEI XIAOGUO YANJIU

中国政法大学出版社

2020 · 北京

图书在版编目（ＣＩＰ）数据

京津冀企业的环境价值观·影响因素·行为效果研究/王志亮著. —北京：中国政法大学
出版社，2020.10
　ISBN 978-7-5620-9403-6

　Ⅰ.①京… Ⅱ.①王… Ⅲ.①企业管理—研究—华北地区 Ⅳ.①F279.272

中国版本图书馆 CIP 数据核字(2019)第 300515 号

出　版　者	中国政法大学出版社
地　　　址	北京市海淀区西土城路 25 号
邮寄地址	北京 100088 信箱 8034 分箱　邮编 100088
网　　　址	http://www.cuplpress.com (网络实名：中国政法大学出版社)
电　　　话	010-58908285(总编室) 58908433 (编辑部) 58908334(邮购部)
承　　　印	北京九州迅驰传媒文化有限公司
开　　　本	720mm×960mm　1/16
印　　　张	14.75
字　　　数	240 千字
版　　　次	2020 年 10 月第 1 版
印　　　次	2020 年 10 月第 1 次印刷
定　　　价	56.00 元

前 言
Preface

    在经历了自然拜物主义的宗教自然观、人类利益中心主义价值观、生态利益中心主义价值观后，可持续发展价值观已经成为当代主流的人类环境价值观。企业环境价值观是指企业本着可持续发展理念，在其经营决策和管理活动中自觉考虑环境因素和自觉履行环境义务的价值取向，其外在表现形式为各种良性的环境行为，如节能减排、治理污染、披露环境信息等。然而，企业作为经济发展和环境污染的重要载体，资本的逐利性和环境成本的外部性往往导致企业在生产经营中过于关注企业自身的经济利益而忽略履行环境保护的义务。从国内外企业环境行为实践的发展和演化历程看，企业环境价值观的形成与政府环境管制、市场环境监督（制度）的发展和变化密不可分。

    西方有关环境污染控制的规范性研究最早源于庇古（Pigou，1932）的福利经济学，它提出了外部性（externality）问题并给出了解决办法。外部性问题导致了私人成本与社会成本的差异，庇古认为应强制（引发外部性问题的）施害者补偿受害者（Coase，1960）。基于污染者支付原则，征收庇古税的目的就是使污染导致的社会成本内部化（Cropper and Oates，1992），由施害者（污染制造者）承担。基于庇古税在解决外部性问题上的有效性，Baumol and Oates（1971）、Baumol（1972）等众多西方学者支持通过征收庇古税以求减缓企业环境行为的外部性问题。但是，庇古税的有效性很大程度上取决于监管者是否追求公众福利的最大化，如果监管者追求的是自身利益的最大化，庇古税的有效性就会大打折扣。也有学者认为，基于政治、就业等因素，环境管制有可能保护厂商（污染制造者），而不是保护公众福利（Maloney and McCormic，1982）。Hahn（1990）、Antweiler，et al.（2001）基于环境保护主义者、业界、不同类型的消费者等利益相关者对环境立法和环境管制的影响，得出监管者在进行环境立法、选择环境管制工具（环境许可、排污费等）、决定监管严厉程度时，会倾向于担当各方利益均衡的调停角色。Sung Han Tak

（2003）则发现，实践中基于政治考量的环境污染税与庇古税有所不同，业界选票、消费者持股、监管者持股、信息不对称等众多因素都会导致监管者采取一种较为宽松的监管方式。近年来，越来越多的学者运用实证研究的方法，从环境信息的披露和资本市场反应之间的关系研究了自发的市场监督的效应。Lanoie 等（1998）认为可以通过向投资者公开发布有关上市公司环境表现的评价信息来增强市场的自发监管，从而对上市公司的污染排放行为起到约束作用。Miles 和 Covin（2000）发现上市公司披露的环境治理信息能够影响公司市值。Dasgupta 等（2006）研究发现，上市公司违反环保监管条例的信息被披露后，其市场估值会出现明显下降。Lundgren 和 Olsson（2010）认为欧洲上市公司环保事故信息的披露会给公司市值带来显著损失。Lyon 和 Shimshack（2012）通过给美国前 500 强公司环境信息披露质量打分，结果发现排名在前 100 的公司其随后的股票收益率回报相比后 400 名公司高出 0.6%~1.0%，可见市场会对企业的环境行为做出反应。

国内 20 世纪 70 年代的环境管制是依据排放水平和技术标准制定规则后通过政策强制执行的，没有考虑相关监管成本的要求；20 世纪 80 年代，针对少数特定排放物采用末端治理的方式，不仅收效甚微，技术上困难重重，而且治理成本高昂；20 世纪 90 年代以来，出现了以市场为驱动的新型环境政策工具，如征收排污税、发放污染许可证等，政府各项环境监管措施和标准更加深入、具体，取得了一定的实施效果。但政府与企业间仍存在着博弈关系，若没有政府管制，该博弈的纳什均衡为所有企业都不治理污染（陈兴荣等，2012）。近年来，我国学者对环境管制的研究主要集中在上市公司环保信息披露及其影响因素的实证分析上。唐小红（2012）研究发现，企业环境信息披露主要来自外部压力，这些压力又可以具体分为两个方面，即企业来自社会公众的压力、企业来自利益相关方的压力。沈洪涛等（2012）以我国重污染行业上市公司为研究样本，研究发现媒体有关企业环境表现的报道能显著促进企业环境信息披露水平；地方政府对企业环境信息披露的监管能显著提高企业的环境信息披露水平并增强舆论监督的作用。该发现为认识企业环境信息披露的合法性动机，以及舆论监督和政府监管对企业环境信息披露的影响提供了证据。郑春美等（2013）以沪市重度环境污染行业 170 家上市公司为样本，对这些公司近 3 年的环境信息披露程度及影响因素进行了实证研究。结果显示，公司规模、公司负债程度和媒体关注度对上市公司环境信息披露有显著影响。沈洪涛等（2014）从经济学的信号传递理论和政治学的合法性理论两个竞争性的角度，验证了企业自愿披露非财务信息的动机，基于对2008~2010年重污染行业上市公司的大样本数据进行的检验，发现企业环境表现与环境信息披露之间存在显著的 U 型关系。

企业环境价值观分属企业价值观中的终极价值观和工具价值观两个层次，前者是有关企业使命的问题，后者是有关达到终极价值观的行为的合理性或合法性的问题。在环境价值观尚未内化于企业使命的情况下，从企业行为合理性或合法性入手，运用法律法规、市场监督等制度手段逐步规制和引导企业的良性环境行为，直到企业能够在经营、管理决策中自觉考虑环境因素和自觉履行环境义务，就成为企业环境价值观培育的现实路径。本书研究的主要目标是以环境伦理学、企业伦理学为基础，运用委托代理理论、利益相关者理论和博弈分析，探讨企业环境价值观的形成及其行为效果。在此基础上，运用问卷调查、实践比对等方法对三地企业环境价值观的现状进行调查，并运用因子分析法得出影响三地企业环境价值观的主要因素。在对影响因素的地区性差异及其作用机理进行分析的基础上，构建京津冀一体化下以企业环境信息的充分披露为主线、以在京津冀一体化过程中逐步培育企业环境价值观为目标，最终实现京津冀区域经济的绿色发展。

全书分为上、中、下三篇。

上篇：京津冀企业环境价值观问卷调查

企业环境价值观是在企业同自然资源与环境，以及各方面利益相关者的博弈过程中，以管理者为媒介，把人类环境价值观中的可持续发展理念逐步内化于企业经营、管理决策以及商业运营的全过程，从而形成的企业价值观的有机组成部分，是决定企业环境行为的根本。对企业环境价值观进行研究，能够厘清企业环境行为动机，从而引导企业在经营、管理决策及商业运营中自觉考虑环境因素，树立良好的环境价值取向，从源头上改善企业的环境行为。本篇通过对京津冀三地企业中 406 名中高级管理者进行问卷调查，了解其所在企业的环境价值观现状及企业环境行为的实施情况，获取了 378 个有效样本并对其进行因子分析；分别对三地企业环境价值观现状及企业环境行为实施情况进行评分，并从员工的环境意识及行为、企业发展战略、企业的经营理念、企业的决策规则、企业的运营模式等五个维度对企业环境行为的影响强弱进行分析。从评分结果来看，北京地区企业环境价值观得分最高，其次是天津地区，河北地区企业得分最低。企业环境行为得分结果显示了同样的排序，企业环境价值观越高意味着企业的环境行为就越好。回归分析结果显示，员工的环境意识及行为、企业发展战略、企业的经营理念、企业的决策规则、企业的运营模式对企业环境行为的实施均有影响，且员工的环境意识及行为、企业发展战略、企业的经营理念这三个维度对企业环境行为的影响较强，企业的决策规则、企业的运营模式的影响相对较弱。改善企业环境行为要从政府监管、企业践行两方面同时入手，促使企业在其经营决策和管理活动中自觉考虑环境因素并自觉履行环境义务，激发亲环境行为，从而从根本上推动社会经济实现绿色环保和可持续发展。

中篇：京津冀企业环境价值观的影响因素

环境价值观是决定企业环境行为的内在决定因素，在上篇"京津冀企业环境价值观问卷调查"研究的基础上，本篇对企业环境行为的驱动因素进行理论分析和回归检验，以探索京津冀企业环境价值观形成过程中的主要影响因素。本篇通过问卷调查的方式获取了315个京津冀地区的有效样本，利用因子分析的方法对样本企业的环境行为进行评分，并对京津冀企业环境行为驱动因素进行了回归检验。评分结果显示：分地区来看，河北省的企业环境行为得分较高，说明该地区企业对于自身的环境行为更为关注；从企业性质来看，股份制企业和国有或集体企业的环境行为明显好于其他类型企业，说明这两个类型的企业在践行政府生态文明政策方面更为突出；规模大、存续时间久的企业表现出了更好的企业环境行为。通过回归分析，得出京津冀企业环境行为的主要驱动因素，也是京津冀企业环境价值观形成过程中的主要影响因素包括：环境规制、财务状况、企业雇员环保意识和利益相关者态度。其中，环境规制会给企业带来外部压力，促使其改善环境行为；财务状况更好的企业会更多地关注长远发展，进而选择加强自身的环境管理；企业雇员具备更高的环保意识会更利于改善环境行为工作的开展；利益相关者对于环境保护的关注也会在一定程度上对企业环境行为的改善起到积极作用。从数据分析和回归检验的结果看，优化京津冀企业的环境行为可以从三个方面入手：加强政府环境管制以约束企业的环境行为；提升企业环境管理认知，使其自觉履行社会责任；利用区域优势推进京津冀环境协同治理。

下篇：京津冀企业环境价值观的行为效果

企业环境价值观的优劣必定表现为不同价值取向的企业环境行为，本篇在对"京津冀企业环境价值观问卷调查"和"京津冀企业环境价值观的影响因素"进行研究的基础上,从环境管理水平、环境守法水平、节能减排情况、社会公众影响四个方面对京津冀地区上市公司企业环境行为进行了数据分析,以评价京津冀企业环境价值观的行为效果。本篇以环境管理学理论、可持续发展理论、经济外部性理论为理论基础,通过梳理并分析国内外学者对于环境绩效、环境行为、环境管理等方面的研究成果,根据京津冀地区上市企业面临的环境问题以及三个地区主要产业分布比例的特点和城乡发展不均衡、三地区发展不均衡等地域特点,从环境管理水平、环境守法水平、节能减排情况和社会公众影响四个方面构建京津冀地区上市公司的环境行为评价指标体系,并在前人研究的基础上具体设计 9 个二级指标来构建评价体系,根据指标搜集企业相关的环境信息并进行量化。应用层次分析方法确定评价指标权重,构建京津冀地区上市企业的综合评价模型,计算出得分,总结分析京津冀三个地区企业的环境管理情况。研究发现,三个地区中总分得分最高的为北京地区企业,得分为 60.53 分,其次为河北地区企业,得分为 60.05 分,最差的为天津地区企业为 54.92 分。造成三个地区企业之间得分不同的原因有两点:一是三个地区产业分布的差异;二是政府对三地区企业环境行为监管力度不同。为此本篇从政府和企业两个角度提出相关政策建议,以提高京津冀企业环境行为水平,让更多的企业自觉进行环境管理,做到经济效益与环境保护协调发展,促进京津冀一体化发展,解决京津冀"一体化污染"问题。

本书的出版得到了北京市教委社科计划重点项目"京津冀企业环境价值观的地区差异、影响因素及培育路径研究(编号:SZ201710009003)"的资助。作为项目组成员,北方工业大学会计学硕士研究生齐丽娟、张彤、崔晔参与了项目的研究工作,并分别参与完成了本书上、中、下篇初稿的写作,项目主持人完成了对全书初稿的总纂;北方工业大学经济管理学院会计学专业"环境管理会计研究团队"的全体老师在项目研究、本书的成稿和出版过程中给予了有益的指导和大力支持。在此一并致谢,谢谢你们的辛勤工作,热情关怀和无私帮助!

目 录
CONTENTS

中　篇　京津冀企业环境价值观的影响因素

下　篇　京津冀企业环境价值观的行为效果

上 篇

京津冀企业环境价值观的问卷调查

提要

　　企业环境价值观是企业在同自然资源与环境及各方面利益相关者的博弈过程中，以管理者为媒介，把人类环境价值观中的可持续发展理念逐步内化于企业经营、管理决策及商业运营的全过程，从而形成的企业价值观的有机组成部分，是决定企业环境行为的根本。对企业环境价值观进行研究，有助于厘清企业环境行为动机，从而引导企业在经营、管理决策及商业运营中自觉考虑环境因素，树立良好的环境价值取向，从源头上改善企业的环境行为。

　　本篇通过对京津冀三地企业中 406 名中高级管理者进行问卷调查，了解其所在企业的环境价值观现状及企业环境行为的实施情况，获取了 378 个有效样本并对其进行因子分析；分别对三地企业环境价值观现状及企业环境行为实施情况进行评分，并从员工的环境意识及行为、企业发展战略、企业的经营理念、企业的决策规则、企业的运营模式等五个维度分别分析其对企业环境行为的影响强弱。从评分结果来看，北京地区企业环境价值观得分最高，其次是天津地区，河北地区企业得分最低；企业环境行为得分结果显示了同样的排序，企业环境价值观越高意味着相应的企业环境行为就越好。回归分析结果显示，员工的环境意识及行为、企业发展战略、企业的经营理念、企业的决策规则、企业的运营模式对企业环境行为的实施均有影响，且员工的环境意识及行为、企业发展战略、企业的经营理念这三个维度对企业环境行为的影响较强，企业的决策规则、企业的运营模式的影响相对较弱。改善企业环境行为要从政府监管、企业践行两方面同时入手，促使企业在其经营决策和管理活动中自觉考虑环境因素并自觉履行环境义务，激发亲环境行为，从根本上推动社会经济实现绿色环保和可持续发展。

绪 论

随着人类对自然环境的利用和改造，人类逐步从原始文明走向农业文明、工业文明。随着工业化进程的逐步加快，自然环境也在不断向人们发出警告。全球气候变暖、能源短缺、水污染、大气污染等环境问题日益凸显。国家环保局统计数据显示，企业产生的污染物占我国污染物排放量的80%以上，煤炭、化工、冶金、建材、造纸、印染、纺织等行业尤为严重。作为经济发展和环境污染的重要载体，多数企业忽视了自身的环境责任，采用"粗放型的经济模式"，以自然资源的巨大损耗为代价换取企业利润的增长。想要扭转经济越发展环境越恶化的局面，仅仅依靠科技手段显然是行不通的，必须深入到环境价值观层面，探究企业环境价值观成因，促使企业改善环境行为。

1.1 研究背景

改革开放初期，国家的发展战略主要是增产扩能，大力发展生产力。我国的经济发展虽取得了瞩目的成绩，但经济飞速增长却是以牺牲环境为代价的，一系列环境问题相伴而来，人们的生活质量不断下降。目前，我国的环境问题依然很严峻，世界十大环境问题中，我国占了八项，又一次引来了世界的关注。我国长江以南地区是世界三大酸雨区之一，全国酸雨面积占国土资源的30%；[1]我国二氧化硫、二氧化碳排放量位列世界前两位；城市大气质量符合国家标准的不到1%（全国600多座城市）；土地沙漠化、森林面积减少、水资源危机等问题也不容乐观。我国面临的环境问题中，大气污染、水污染是最大的问题。近年来最严重的环境污染事件绝大多数是由环境意识薄弱的企业造成的，如2005年的松花江重大水污染事件的原因是石油吉林石化公司双苯厂苯胺车间发生了爆炸事故，云南阳宗海砷污染事件中锦业公司为主要污染源等。企业在推动经济飞速发展的过程中对环境造成了很大的压力，企业先是"经济人"然后才是"道德人"，资本的逐利性和环境问题的外部性决定了其并不必然会在生产经营中自觉履行环境保护的义务。[2]

京津冀地区企业众多，京津冀一体化已经进入实质性推进阶段，三地经济增长突飞猛进，环境污染程度也较其他地区严重。京津冀一体化作为国家重要战略不仅要求三地协同发展经济，更要走出一条协同发展的可持续道路。为了实现经济又好又快地发展，实现更高的绿色 GDP，了解京津冀三地企业的环境价值观现状，研究企业环境价值观对企业环境行为的影响，促使企业作出积极的环境行为就显得尤为重要。

1.2 研究目的与意义

本篇主要对京津冀企业环境价值观现状进行调查，分析地区性差异，并与企业环境行为进行比对，深入分析企业环境价值观对企业环境行为的影响，由此研究作用机理，具有较强的理论意义与应用价值。

理论意义：本篇以京津冀地区的企业为调查研究对象，彰显了京津冀企业的地区特色，弥补了现有文献对于该地区企业环境行为、环境价值观研究的不足。通过对京津冀企业的问卷调查，了解该地区企业环境价值观的现状，并与该地区的企业环境行为比对，分析企业环境价值观对企业环境行为的影响效果，甄别出企业做出相应环境行为背后考虑的关键点，丰富了关于企业环境价值观的问卷研究。

应用价值：京津冀协同发展正在如火如荼地推进，通过对京津冀地区的企业环境价值观的调查，了解三地企业的环境价值观现状，分析其实施良性的环境行为的动力与阻碍，从而为国家更有针对性地出台环境政策来规范企业的环境行为提供理论基础，进而更好地引导该地区企业树立良好的环境价值观，从而加快推动京津冀一体化战略的实施，最终改善环境状况。

1.3 研究内容与方法

1.3.1 研究内容

本篇以企业环境价值观为研究对象。基于对人类环境价值观的研究，沿着人类社会经济活动与自然环境之间互动关系的发展脉络探讨企业环境价值观。在此基础上，对京津冀三地企业中的高层管理者进行问卷调查，了解三地的企业环境价值观现状，并进行对比，分析地区性差异；就企业环境价值观对企业环境行为的影响进行实证分析，识别企业环境价值观与企业环境行为的匹配关系，基于此，站在企业决策者、管理者的角度分析企业做出相应环境行为的关键点。最后，分地区研究，从企业、政府的角度提出培育企业环境价值观的路径。全文共分为五章，具体内容如技术路线图 1-1 所示。

第 1 章，绪论。阐述研究背景、研究目的与意义，确定本论文的研究内容及所使用的研究方法，发现可能存在的创新点，提出本篇的技术路线图。

第 2 章，文献综述。界定企业环境价值观、企业环境行为等相关概念，综述研究企业环境价值观所依据的理论基础。

第 3 章，研究设计。介绍京津冀三地环境背景及法律规制。基于相关理论基础的研究及相关文献的梳理，设定企业环境价值观研究变量及企业环境行为指标，并设计调查问卷。

第 4 章，实证检验与数据分析。对设计出来的问卷进行信效度检验，以验证设计的问卷的可靠性与合理性。提出本篇的假设并对调查结果进行相关性分析、回归分析，分别对样本企业环境价值观、企业环境行为进行评分，得出企业环境价值观与企业环境行为的关系。

第 5 章，研究结论与建议。基于实证检验的结果，运用对比分析法，分析京津冀三地企业环境价值观现状的差异，探究其主要影响因素，结合地区性差异给出相应的政策建议。

1.3.2 研究方法

（1）文献研究法。通过对人类环境价值观、企业价值观、企业与自然环境互动关系、企业环境行为等相关文献的阅读，界定企业环境价值观、企业环境行为的概念，从人类环境价值观、企业价值观、企业环境行为的文献出发，结合企业特点，总结企业环境价值观的构成要素，并综述相关理论基础。

（2）问卷调查法。本篇采用问卷调查的方法，以京津冀三地企业为调查对象，选取企业中高层管理人员为填表人，填写关于测试企业环境价值观、企业环境行为的问卷，对京津冀三地企业的环境价值观、企业环境行为现状进行调查。

（3）对比分析法。将问卷结果与企业环境行为，如节能减排、治理污染、披露环境信息等外在表现形式进行实践比对，并分地区比较，找出地区性差异。

1.4 研究创新

（1）界定企业环境价值观的概念。本篇梳理了现有关于人类环境价值观、企业价值观、企业环境行为等的研究成果，在此基础上界定了企业环境价值观的概念，阐明了企业环境价值观是人类环境价值观通过企业管理层这个中间媒介在企业汇聚形成的企业集体意志，是企业价值观的有机组成部分。

（2）研究内容有针对性。目前有一些关于企业环境行为驱动因素、环境价值观的研究成果，但是没有针对京津冀地区企业环境价值观的影响方面的研究。本篇以京津冀企业为样本，通过对京津冀地区企业环境价值观的调查，了解京津冀三地企业环境价值观现状，并针对该地区的特点提出相应的对策和建议。

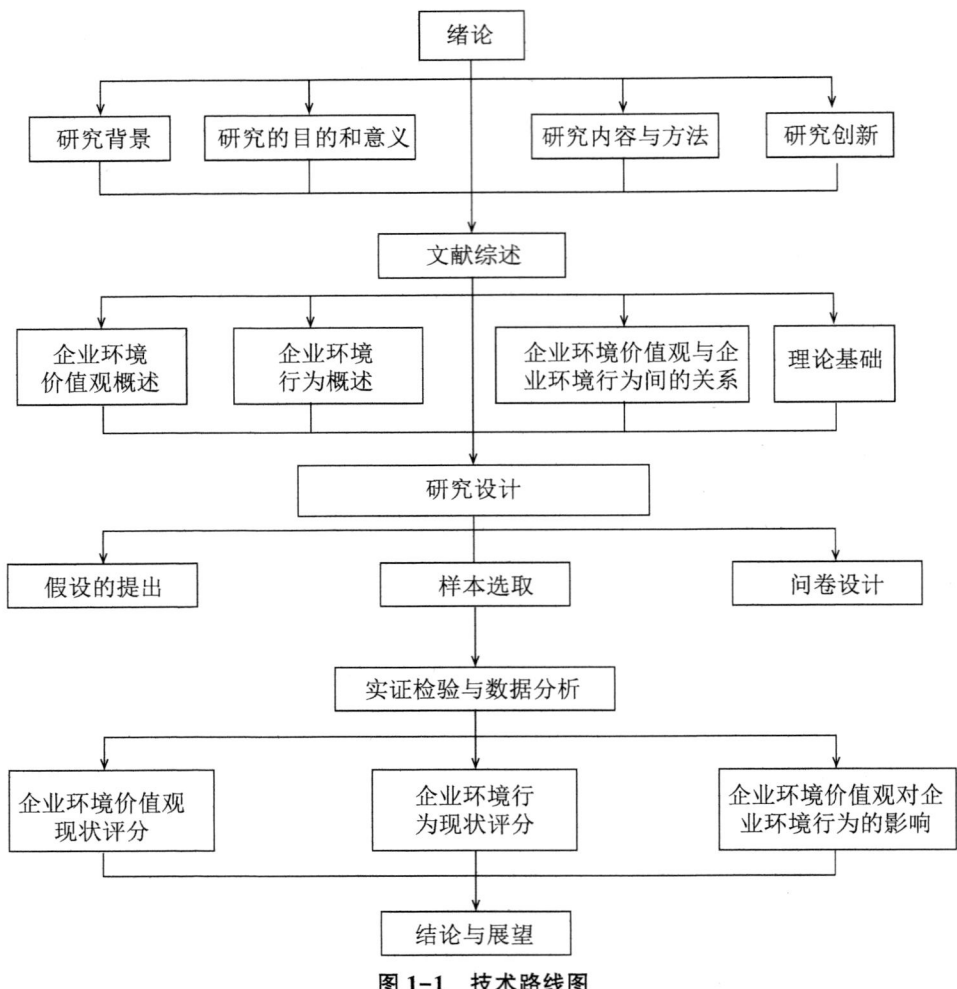

图 1-1　技术路线图

文献综述

环境问题日益严重影响着人们的生产生活方式，人们的观念、看法也发生着变化。我国的松花江污染事件、沱江水污染事件等环境污染事故引起了社会各界的广泛关注，[3]公众把关注的目光逐渐转向了企业。企业是社会生产的主导力量、是经济发展的主体，不仅向社会提供主要的物质产品，同时也是污染物的主要制造者。企业生产经营的行为方式严重影响着环境，如果企业继续不计后果地浪费资源、破坏环境，必将引发环境危机。环境问题的解决，不仅依赖科技的进步，环境价值观及环境行为方式的改变也是不容忽视的。它不仅是政府、个人的职责，更是企业的义务。

2.1 企业环境价值观

2.1.1 企业环境价值观的形成

（1）人类环境价值观的内涵与发展。环境价值观是关于人们如何看待环境、处理人与环境关系的理性思考，它是人们对环境价值的主观反映。[4]人类环境价值观属于价值观的范畴，反映了人们对环境的认识，进而对环境问题做出的价值评判，是人们在实践过程中形成的对于环境问题认识程度的总概括，指导并规范着人们的实践活动。环境价值观可以从三个层次来阐述：第一层次的环境价值观是基于个体的利益对环境问题的关注（自我为中心）；[3]第二层次是基于人类整体利益关注并保护环境（利他主义）；[5]第三层次上升到对整个自然环境内在价值的关注（生态主义环境价值观）。[6]环境价值观属于环境意识范畴，是人们在作出经济决策时自觉纳入环境因素的主观态度。

有怎样的环境价值观就有怎样的经济发展模式，环境道德意识的缺失是环境问题的根源[7]。环境问题的解决除了依靠先进的科学手段，人与环境相处关系的协调对于解决环境问题的作用也不容忽视。[7]环境价值观不是一成不变的，不同时期环境价值观被赋予了不同内涵，因而在环境价值观的指导下，人类与环境的关系也在发生着变化。以环境污染、生态破坏的不同程度、人类环保意识的演变为临界点，人类与环境的关系可以分为以下几个阶段。原始协调时期人类对大自然有敬畏之心，自然环境为人类的生存与繁衍提供物质和能量，人类直接依赖于自然环境，没有对自然环境进行维护和管理。随着生产力的提高，进一步增强了人类对自然的利用能力，小农经济逐渐发展呈工厂化、规模化趋势，破坏了赖以生存的生态环境，原始协调关系逐步失衡，这一时期以"人类中心主义"的环境价值观为代表，[8]认为人类是大自然的主宰者，对自然拥有绝对的开发和使用权，人类对大自然由敬畏转向了无畏。受这一环境价值观的影响，人类不断地改造自然环境，追求经济快速发展的同时给自然环境带来了严重破坏，进而引发了全球环境危机。随着对"人类中心主义"的不断批判与反思，人们逐渐走出"人类中心主义"，强调自然环境内在价值的"非人类中心主义"价值观成为主流观点，[8]它具有一定的进步性，学者们相继提出动物解放（权利论）、生物中心论和生态中心论等观点。[9]深入探究以上两种观点，二者并没有本质区别，实现人与自然真正的和谐相处是比较困难的。科学发展观提出以来，人类的环境意识得到了新的提升，人们对环境的管理更加趋向主动和友善。"以人为本"的环境价值观坚持"全面""协调""可持续"，[10]是一种"可持续发展"的环境价值观，能够实现人与自然的和谐发展。

（2）企业价值观的内涵与发展。威廉·大内关于企业价值观的研究引起了人们对企业价值观的重视，国内学者吴金希、甄朝党等认为企业价值观是企业文化的核心，它决定着企业成员的价值判断和行为取向。[11]企业价值观指导着员工共同的努力方向，规范着企业价值取向和行为选择，决定着企业今后的发展趋势。[12]企业价值观不仅受社会文化、市场规则、现行法律制度的影响，企业创始人及企业雇员的价值观也会影响企业价值观的形成。[13]企业价值观是企业发展过程中历史沉淀的结果，它是企业文化的重要内容，代表企业全体成员共同的价值取向并指导企业及员工的行为。

西方的企业价值观经历了从企业生产导向，到顾客需求导向，演变为社会互利导向价值观三个阶段。从西方企业价值观的发展看，企业价值观的发展总体方向是越来越注重社会整体利益。在"企业生产导向的价值观"指导下，企业的动机主要是赚取更多的利润。[14]随着生活水平的提高，人们的需求呈现多样化的趋势。企业为了赢得市场，获取长期利润，不再只注重销售量的短期增长，而是注重顾客满意度的提高，开始在生产中考虑顾客的需求，这一时期以"顾客需求导向的价值观"为代表。随着环境问题的日益凸显，人们的生活质量不断降低，"顾客需求导向的价值观"地位遭受冲击。[15]"社会互利导向价值观"强调企业追求经济利益的同时要注重消费者需求和社会整体利益，实现三者间的协调，[16]因而得到了人们的重视·。

（3）企业与自然环境的互动关系。企业是人类从事经济活动的一个集合体，它的存在对于经济发展至关重要，同时也对自然环境有着重要影响。1978年来经济高速增长、人民生活水平显著提升，但"粗放型"的经济模式引发了一系列环境问题。日益恶化的环境使人们的生活质量不断下降。要实现人与自然的和谐相处关键是要实现企业经营活动与自然环境的协调发展。[17]企业不仅要盈利，而且应承担其社会服务职能，履行相应的环境责任，然而环境问题的外部性决定了企业并不会在生产经营中自觉履行环境保护的义务。企业运营的过程是与自然环境不断交流的过程，在追求利润的过程中，企业的环境行为也在政府、消费者、媒体等利益相关者的压力下不断改善。相关研究也表明受到政府的环境检查、违反相关法律法规受到的警告和罚款等特殊威慑经历会促使企业积极地进行环境管理；[18]媒体的负面报道会引起一定的负向的市场反应，进而影响企业市值，这在一定程度上会规范企业环境行为，因而媒体可以作为一个非正式的监管机构。[19]跨国公司所有权、跨国顾客及对发达国家的出口会增强企业的环境绩效。[20]徐华等对我国159家化工类上市公司的2012~2013年的相关数据进行实证研究，发现基于利益相关者对企业的环境利益要求的强度和紧迫性，企业的产品国际化水平越高，政府部门对企业违规查处力度越大，企业的环境行为越积极。[21]

作为理性经济人，企业出于避免受到环保处罚、享受政府的优惠政策、消费者的消费偏好等的考虑而进行积极的环境管理，也会有助于企业将这些亲环境理念内化于经营决策和管理活动中，进而促使企业与自然环境良性互动关系的形成。

2.1.2 企业环境价值观的内涵

（1）企业环境价值观的概念界定。从企业与环境的互动关系看，企业环境价值观的形成与政府环境管制、消费者消费观念的发展变化以及其他利益相关者的推动密不可分。环境价值观的形成具有长期性、渐进性和向好性特点，它是在企业长期发展过程中逐渐形成的企业（全体雇员）的环境价值取向，以及企业在经营过程中奉行的基本环境信念。[22] 所以，企业环境价值观就是指企业本着可持续发展理念，在其经营决策和管理活动中自觉考虑环境因素和自觉履行环境义务的价值取向，[23] 其外在表现形式为各种良性的环境行为，如节能减排、治理污染、披露环境信息等。

（2）企业环境价值观是人类环境价值观在企业汇聚形成的企业集体意志。良好的企业环境价值观是一个企业科学完善的环境管理理念，它将内化于企业的决策和行为过程。管理者的企业环境压力反应、环境问题解读对企业环境价值观的影响至关重要。[24] 管理者对企业活动的开展发挥着关键性作用，企业的环境战略也更多地体现的是管理者的环境意识和道德理念。[25] 在对人类环境价值观的研究中，沿着人类社会经济活动与自然环境之间互动关系的发展脉络可以看出，企业环境价值观是在企业同自然资源与环境，及各方面利益相关者的博弈过程中，以管理者为媒介，把人类环境价值观中的可持续发展理念逐步内化于企业经营、管理决策及商业运营的全过程，进而形成的企业集体意志。

（3）企业环境价值观是企业价值观的有机组成部分。企业价值观是在环境动态性和决策复杂性共同作用下形成的一种哲学判断，它指导企业的生产开发与经营管理，决定着企业的基本价值取向。[26] 随着企业越来越注重社会效益与自然环境协调发展，人类环境价值观中的可持续发展理念也必将通过企业管理层逐步内化于企业经营、管理决策及商业运营的全过程。因而企业环境价值观是在企业与自然环境的良性互动，在政府、消费者等利益相关者的推动下形成的企业价值观的有机组成部分。

2.2 企业环境行为

2.2.1 企业环境行为概念界定

关于企业环境行为的研究最早开始于 20 世纪 60 年代，在环境严重污染的背景下，西方发达国家开始了一场环境保护运动，要求企业遵行"生产守则"，即企业在追求利润最大化的过程中，不能以牺牲环境为代价，要承担起相应的社会责任。

国内关于企业环境行为的研究起步较晚，彼时有关企业环境行为的界定还偏向于认为是外界压力下的环境响应，如陈雯、Dietrich Soyez、左文芳等（2003）认为企业环境行为即企业在面对外部环境压力时为了减少污染、保护环境所做出的一系列环境响应过程，而这一过程与环境压力的相互作用刺激了可持续发展的、积极的行为。[27]随着可持续发展理念的逐渐深入，企业的行为也在改善，相应地，国内学者也在不断丰富企业环境行为的内涵。李富贵、甘复兴、邓德明、徐兵等（2007）认为，企业通过对其环境因素进行管理形成好的环境行为，促使企业在竞争中处于有利地位进而获取更大的利润。[28]王京芳、周浩、曾又其等（2008）指出，企业环境行为是企业在生产经营活动中把环境因素纳入环境管理的过程，采取一系列环境措施，力求降低企业对环境的不利影响。[29]周曙东（2012）则把企业的价值取向融入进来，他认为企业环境行为是企业在可持续发展的理念指导下，主动承担企业的环境责任，在生产经营的全过程进行有效的环境管理，实现经济效益与环境效益双赢。[30]企业环境行为主要包括环境战略、环境制造、环境营销、环境文化四个维度。

2.2.2 企业环境行为的影响因素

伴随着对企业环境行为的研究，国内外学者相继对企业环境行为的内外两方面影响因素进行了理论分析、实证研究，取得了丰硕的成果。

（1）外部因素。西方有关污染控制的规范性分析最早源于庇古（1932）的福利经济学，它提出了外部性问题并给出了解决办法。外部性问题导致了私人成本与社会成本的差异，庇古认为应强制（引发外部性问题的）施害者补偿受害者。基于庇古税在解决外部性问题上的有效性，学者们就政府对企业环境行为的影响进行了大量研究，Baumol and Oates（1971）、Baumol（1972）等众多西方学者支持通过征收庇古税以求减少企业环境行为的外部性问题。[31]余瑞祥、朱清（2009）通过对中国企业的研究，发现政府对企业环境行为、绩效有一定的影响。[32]国内学者也对企业环境行为进行了研究，发现了一些影响企业行为的因素。李富贵、甘复兴、邓德明、徐兵等（2007）指出，可以从基于市场导向、基于知识和基于制度三个方面的影响因素来分析企业的环境行为。[28]来自市场导向这一层面的影响因素主要有：顾客、竞争者及组织间的跨部门协调；基于知识层面的环境行为分析，应主要考虑用于环境管理的资源和知识，二者对企业环境行为的影响存在正相关关系；就制度层面而言，即使企业处于同一制度下，由于管理者对压力的感知往往不尽相同，也会导致不同的环境行为，因此基于制度层面对企业环境行为的影响主要从政府、消费者和竞争者、社区和非政府组织、企业协会等方面进行考量。王京芳、周浩、曾又其等人的（2008）研究视角不同，他们认为影响企业环境行为的外部因素来自于体制环境因素中的法规性压力、规范性压力；技术环境方面的绿色技术；竞争者的压力等。[29]陈兴荣等（2012）提到20世纪90年代以来，出现了以市场为驱动的新型环境政策工具，如征收排污税、发放污染许可证等，政府各项环境监管措施和标准更加深入、具体，取得了一定的实施效果。但政府与企业间仍存在着博弈关系，[33]若没有政府管制，该博弈的纳什均衡为所有企业都不治理污染，他强调政府管制对企业环境行为的影响。

学者们从不同角度对影响企业环境行为的外部因素进行了大量研究，主要可以归纳为企业的利益相关者，如政府环境管制、公众对于企业行为的监督、消费者对于环保产品的追捧、媒体对于企业环境行为的曝光、社区成员的政治参与程度等。

（2）内部因素。关于内部影响因素的研究也有很多，本篇主要选取一些主流观点。Hayami（1984）研究表明企业的规模与企业改善环境的行为有很大关系，规模越大的企业，会采取更多的清洁生产工艺进行环境管理。[34]Gottsman、Kessler（1998）研究发现财务状况在一定程度上影响企业环境行为，财务状况好的企业会采取更积极的环境行为。[35]国内学者关于内部影响因素也做了大量研究，结果与国外学者的结论大致相同。此外，贺灿飞等

（2010）通过对昆明市污染企业进行实证研究，发现企业的性质与企业的环境行为有很大关系，国有企业比其他企业的环保投资要多，化工企业的经营时间与企业的环保投入正相关，其他企业的经营时间与环保行为并无显著相关关系。[36]李永波等（2016）构建了影响企业环境行为因素的模型，选定影响企业环境行为的内、外部因素为解释变量，被解释变量为企业环境行为实践，中介变量为环境行为响应程度，控制变量为企业基本特征，据此进行理论分析与假设，结果显示企业是否实施环境行为的根本动力在于该环境行为是否会给企业带来绩效。[37]管理者的文化水平越高，企业的环境意识越强烈，企业在生产经营中会越多地考虑环境因素，进而环境行为较好。

2.2.3 企业环境行为评价指标

企业环境绩效就是企业在环境管理过程中取得的成绩，因此，对企业环境行为的评价主要从企业的环境绩效来考量。Tyteca D.（1996）运用数据包络分析定义好行为和坏行为来评价总体企业环境绩效。[38]Daryl Ritz（1998）提出从原材料的使用、能源的消耗量、非生产输出、污染物排放等指标来衡量企业环境绩效。[39]国际上一些环保组织、会计机构等提出了评价企业环境业绩的指导性建议，在 2000 年的联合国贸易与发展会议上联合国国际会计和报告标准政府间专家工作组（ISAR）发布了《企业环境业绩与财务业绩指标的结合》，该指南提出了衡量企业在生态效率或可持续发展方面取得进展的一种方法，即将环境业绩和财务业绩指标结合起来。类似地，李漫漫（2013）提出基于环境责任的企业绩效评价体系包括财务绩效和环境绩效两个方面。财务绩效评价指标包括财务效益状况、资产营运状况、偿债能力状况、发展能力状况；环境绩效主要从资源耗用情况、资源利用和再利用效率、环保投入、污染控制程度等指标进行考量。[40]宋子义等（2010）从平衡计分卡的视角加以研究，指出企业环境绩效可以结合平衡记分卡的四个维度来考量。财务维度包括环保投入、环保生产和环保产出；顾客维度包括企业披露、客户了解及客户认可；内部业务流程由环境预防、环境控制、环境治理构成；创新与学习维度从环保宣传、环保学习、环保实施交衡量。[41]周曙东（2011）通过构建企业环境行为绩效评价目标结构模型，提出企业环境行为绩效可以从环境战略、环境管理、环境文化三方面来评价。环境战略包含环境政策、绿色战略联盟、环境责任三个维度；环境管理主要从环境制造、环境营销及绿色物质文化三个方面来衡量；环境文化从绿色制度文化、绿色精神文化两个方面加以考量。[42]王宁宁（2011）则从更加具体的指标进行衡量，使用环保设施指标、环保污染耗费指标、环境治理指标及资源循环利用指标评价企业环境绩效。环境设施衡量指标包括废水、废气治理设施数和废水、废气治理设施处理能力；环保污染耗费衡量指标包括单位工业产值工业废水排放量、单位工业产值工业用水量；环境治理指标从工业废水排放达标率、工业废气去除率等方面考量；资源循环利用指标由工业用水重复用水率、三废综合利用产品产值进行衡量。[43]方丽娟等（2013）构建了我国的企业环境绩效评价体系，包括环境管理、节约资源能源、降污减排等。环境管理层面具体衡量指标有环境管理体系、绿色采购、环保培训等；节约资源能源主要从单位产量能源消耗量、降低能耗的政策、措施技术等方面进行衡量；降污减排衡量指标包括减少温室气体排放政策、措施技术、单位产量废气排放量等。[44]杨佳丽等（2015）提出分别从企业、行业、政府的角度构建企业环境绩效评价指标体系。从企业角度构建的指标体系包括环境管理目标、环境投资目标、产品生命周期综合评价等内容；[45]从行业角度和政府角度构建的指标体系包括资源投入指标、污染物排放指标、环境投资指标、环境管理结果内容等。

关于如何评价企业环境绩效，一部分学者通过构建模型加以考量，一部分学者通过文献分析法探究不同的视角。从不同的角度评价企业环境绩效的指标，有多种划分标准，目前国内外尚未形成明确的衡量体系。笔者认为，应当对目前的企业环境绩效评价理论加以应用，探究出一个科学合理的标准体系，方便信息使用者对不同企业的环境绩效进行比较。

2.3 企业环境价值观与企业环境行为的关系

环境价值观属于价值观的范畴，在不同的环境价值观指导下人类对环境问题会做出不同的应对行为。王国猛等（2010）研究指出个人环境价值观通过环境态度这一缓冲变量能对环境行为起到一定的预测作用。[46]Chen 和Chang（2013）认为绿色变革型领导会促使企业员工做出积极的环境行为，有助于激发员工的绿色创造力进而促使企业绿色创新。[47]有关研究表明，环境价值观与环境行为具有一致性，环境价值观的强弱会影响个体的环保担当，相应的会影响其关注环境状况。环境价值观强的个体，会有良好的环境偏好和环境意图，进而会做出亲环境行为，而且会为改善环境状况做出积极努力。

企业环境价值观是企业价值观的有机组成部分，源于人类环境价值观，是人类环境价值观通过企业管理层这个中间媒介在企业汇聚形成的企业集体意志。因而企业环境价值观存在与否与企业环境行为的好坏关系密切，良好的企业环境价值观会促使企业在生产运营过程中主动把环境因素考虑在内，优化企业的环境行为。

2.4 企业环境价值观的理论基础

2.4.1 企业环境责任理论

英国学者谢尔顿（1923）于 20 世纪 20 年代最早提出企业社会责任的概念，他认为企业在生产运营过程中要满足产业内外各类人的需要，并将其作为企业的责任。此后关于企业社会责任的研究日益丰富，[48]乔治·恩德勒（2002）认为企业社会责任包含经济责任、政治和文化责任以及环境责任三个方面。[49]随着经济的发展，企业在社会生产与经济发展中发挥的作用越来越大，企业社会责任涵盖的内容也越来越多。从经济、法律、伦理及慈善四个方面对企业社会责任进行分类，提出了公司社会责任金字塔结构，是广义的企业社会责任概念。四种责任由下向上依次为经济责任、法律责任、伦理责任、慈善责任，经济责任为企业最基本的社会责任，企业对社会的责任不仅仅包括经济责任，还应包括法律、伦理等责任，最高层次的责任是慈善责任。[50]由于环境问题日益严重，企业社会责任的重心逐渐转向了企业环境责任。

企业环境责任理论源于企业社会责任，20 世纪五六十年代爆发环境污染，社会各界对于环境问题广泛关注，人们对企业社会责任的反思开启了关于企业环境责任的探讨。白平则（2004）指出企业运行的全过程都要贯彻企业环境责任，在追求利润的过程中也要履行保护环境的责任，这也体现了企业对政府的负责。[51]高桂林（2005）认为，企业在追求股东及社会相关群体利益时，应主动把生态环境承载力考虑在内，[52]避免企业环境行为给生态系统造成伤害。企业环境责任理论不仅关注企业当前经济利益，而且注重企业长远利益，实现经济效益和环境效益。企业环境责任的履行，并没有否定企业追求股东财富最大化的目标，企业在生产运营过程中，把环境因素考虑进去，会给企业带来长远的利益。

2.4.2 利益相关者理论

利益相关者理论的产生是基于对传统股权至上理论的质疑与反思，1984年，弗里曼提出了利益相关者理论，他认为利益相关者就是能够影响一个组织目标的实现或者受到一个组织实现其目标过程影响的所有个体和群体。[53] Donaldson 和 Preston 认为公司是受多种市场影响的实体，债权人、管理者、员工等是为公司贡献出特殊资源的参与者，股东不是公司唯一的所有者。[54] 利益相关者对企业的环境管理施加了强制性、规范性的压力，这会促使企业提高环境绩效。[55] 利益相关者是对企业进行专门性投资的个体和群体，他们承担了一定的风险，他们的活动能影响该企业目标的实现，或者受到该企业实现其目标过程的影响。[56] 企业的利益相关者是与企业的经营管理活动有联系的个体或组织，包括股东、债权人、员工、顾客、供应商、社区、媒体、政府、自然环境等，他们都直接或间接地与企业发生着联系。自然环境是企业重要的利益相关者之一，因为企业在生产过程中不断与自然环境交流，从自然环境中获取需要的资源并在其生产过程中对环境产生影响。[25] 利益相关者的压力会促使企业高层管理者保护环境。Stalley P. （2009）对贸易和环境的研究表明，想要融入国际经济就应该改善国内企业环境行为，整合促进更清洁的技术，使国内企业暴露在企业环境保护的全球规范中，并迫使发展中国家的企业满足贸易伙伴的环境标准，否则就会失去市场。[57] 类似地，Christmann、Taylor（2001）以中国企业为调查样本，发现跨国公司所有权、跨国顾客及对发达国家的出口会增强环境绩效，该调查也印证了这一结论。[58] 随着可持续发展的观念逐渐深入人心，消费者的环境意识也相应提高，消费者在选择商品时会倾向于绿色产品，为了满足消费者的需求，企业往往会在决策时考虑环境因素。有学者指出，可以从基于市场导向、基于知识和基于制度三个方面的影响因素来分析企业的环境行为。来自市场导向这一层面的影响因素主要有：顾客、竞争者及组织间的跨部门协调；基于知识的环境行为分析，应主要考虑用于环境管理的资源和知识，二者对企业环境行为的影响存在正相关关系；即使企业处于同一制度下，由于管理者对压力的感知往往不尽相同，也会导致不同的环境行为。因此制度层面对企业环境行为的影响主要从政府、消费者和竞争者、社区和非政府组织[59]、企业协会等方面进行考量。

消费者、社区成员、媒体等利益相关者之所以会对企业环境行为的实施产生影响，是因为企业需要维护自身的形象。环境问题切实关乎每一个个体的利益，消费者对于"绿色产品"的需求逐渐上升，愿意支付一定的溢价购买环保产品，因此，企业会根据消费者的需求生产适销对路的产品；媒体负面报道会破坏企业形象，一方面使得企业股价下跌，另一方面，银行会对贷款企业进行严格审核，不利于企业获得贷款，从而会对企业的环境行为起到一定的引导作用。

2.4.3 可持续发展理论

随着经济的飞速发展，大气污染、水污染等一系列环境问题也日益凸显，严重影响了我们的生产、生活，保护自然资源与环境成为一个不可回避的重大现实问题。与之相对应的是全球的发展观经历了增长理论、发展理论、可持续发展理论，体现了人们环境意识的逐渐觉醒。1962年莱切尔·卡逊在《寂静的春天》中提出人类应该与大自然的其它生物和谐相处、共享一个地球的思想。[60] 1972年一个学者发表了名为《增长的极限》报告，提出了增长极限危机，阐述了自然环境的重要地位及人口与资源间的关系。[61]经过发展，可持续发展理论在20世纪80年代逐渐成为主流思想。世界环境与发展委员会（WCED）1987年在题为《我们共同的未来》报告中正式提出了可持续发展模式，明确给出了可持续发展是既满足当代人的需求，又不危及后代人满足其需求的发展模式这一定义。[62]可持续发展理论是人类对代际公平、环境恶化等问题深入思索后所提出的解决思路，是当前共同的战略选择，[63]它反映了经济、社会、生态在人与自然及当代人之间、当代人与后代人之间的平衡协调关系。

研究设计

前两章界定了企业环境价值观及企业环境行为的概念，对企业环境价值观的维度进行了划分，并提出了五个假设。本章主要结合京津冀三地区域环境背景，对问卷的设计过程及内容进行了阐述，并对本篇的样本来源进行了说明。

3.1 假设的提出

企业环境价值观属于企业环境意识范畴，是人类环境价值观通过企业管理层这个中间媒介在企业汇聚形成的企业集体意志，是企业价值观的有机组成部分。企业环境价值观的具体体现是企业的发展战略、经营理念、决策规则、运营模式、员工环境意识及行为等所反映出的企业看待环境因素、处理环境问题、与自然环境互动的理念或价值取向。

（1）发展战略。企业秉持可持续发展理念，创造一个环境可持续的、保持绿色价值观的共同愿景，在生产运营过程中主动把环境因素考虑在内，明确企业绿色发展的方向，制定清晰的环境政策，在环境管理方面进行投资，发展与生产绿色产品有关的绿色能力，[25]实现企业快速且持续、健康的发展。基于上述论述，本篇提出假设1。

H1：企业的发展战略对企业环境行为的实施有正向影响。

（2）经营理念。企业贯彻节能环保的经营理念，是企业经营管理活动的根本准则，对废弃物进行回收利用等是企业环保理念的体现。基于此，本篇提出假设2。

H2：企业的经营理念对企业环境行为的实施有正向影响。

（3）决策规则。企业在项目建设前，确定环境投资占总投资的比重、分析产生及排放的污染物情况、对生态环境的影响、拟采取的防治措施及预期治理效果等；项目投产后出于得到政府的环境奖励、享受税收优惠、避免受到环境处罚等的考虑会更加注重政府颁布的环境政策，关注消费者对环保产品的消费偏好以生产适销对路的产品，实现企业的经济效益与社会效益、环境效益三者的协调。从而，本篇提出假设3。

H3：企业的决策规则对企业环境行为的实施有正向影响。

（4）运营模式。企业应把保护环境的理念融入产品生命周期，建立从产品研发、原材料的选用，到供应链、产品生产与分销全过程的环境管理运营模式，如企业积极研发节能环保的产品、对供应商进行环保审核、优先考虑使用清洁能源、生产过程中使用环保材料、提高资源利用率、降低废品率等。基于此，本篇提出假设4。

H4：企业的运营模式对企业环境行为的实施有正向影响。

（5）员工环境意识及行为。良好的企业环境价值观会推动企业环境责任的履行，引导企业实施积极的环境行为，如节能减排、减少污染、披露环境信息等。同时也会促使绿色企业文化的形成，员工对企业文化的认同会促使其在工作上把企业目标变成自己的目标，以环境保护为标准来处理企业生产过程中的各种关系，甚至在生活中也形成环境友好型的消费方式、生活模式，有助于绿色环保行为准则的形成。基于此，本篇提出假设5。

H5：员工环境意识及行为对企业环境行为的实施有正向影响。

企业环境价值观是在企业同自然资源与环境，及各方面利益相关者的博弈过程中，以管理者为媒介，把人类环境价值观中的可持续发展理念逐步内化于企业经营、管理决策及商业运营的全过程，而形成的企业集体意志。进而企业环境价值观也是在企业与自然环境的良性互动，在政府、消费者等利益相关者的推动下形成的企业价值观的有机组成部分。

3.2 样本选取

京津冀三地企业众多，环境污染严重，重污染企业的环境行为对于环境质量好坏至关重要，如果一个地区的重污染企业的环境意识比较强，一般企业环境意识相对而言也会较高。本篇选择京津冀三地部分企业为样本，重点关注重污染企业的环境意识、环境行为等，对样本企业进行数据分析，研究其作出相应环境行为的动力与阻碍，对于制定环境政策，改善京津冀环境状况十分重要。

本次调查参照国家环保部提供的应进行环境审核的高污染行业，重点关注煤炭、化工、电力、建材、纺织等行业。京津冀一体化已经进入实质性推进阶段，三地经济增长突飞猛进，相伴而来的环境问题也异常严峻。京津冀一体化作为国家重要战略，不仅要求三地协同发展经济，更要求走出一条协同发展的可持续道路。因此，了解三地环境背景进而提出针对性的解决办法，增强三地环境协同治理的效果是势在必行的。下面将从主要能源产品消耗量、废水排放总量、废气中主要污染物排放情况、地区环境管理方案等方面介绍三地的环境背景。[1]

（1）主要能源产品消耗量。表 3-1 显示，2014～2016 年，三地煤炭、原油消耗量呈下降趋势，天然气消耗量则呈上升趋势；相比而言，河北的煤炭、原油消耗量最多，天津次之，北京最少，而天然气的消耗量则是北京最多。

表 3-1　2014～2016 年京津冀三地主要能源消耗量

项目	煤炭（万吨）			原油（万吨）			天然气（亿立方米）		
年份	北京	天津	河北	北京	天津	河北	北京	天津	河北
2014	1736.54	5027.28	29635.54	1034.62	1603.17	1356.61	113.7	45.49	56.08
2015	1165.18	4538.83	28943.13	991.54	1616.72	1666.82	146.88	63.98	72.97
2016	847.62	4230.16	28105.65	821	1433.6	1761.93	162.31	74.53	70.45

（2）废气中主要污染物排放情况（吨）。如表 3-2 所示，三地空气中污染物的排放量也是在逐年下降，这与京津冀三地积极进行环境治理是分不开的。

表 3-2　2015～2017 年京津冀三地废气中主要污染物排放情况

项目	二氧化硫（吨）			氮氧化物（吨）			烟粉尘（吨）		
年份	北京	天津	河北	北京	天津	河北	北京	天津	河北
2015	71171.67	185900.43	1108370.93	137627.14	246800.02	1350808.34	49386.55	100685.72	1575417.12

---

〔1〕 数据来源：载 http://data.stats.gov.cn，最后访问日期：2018 年 10 月 31 日。

项目	二氧化硫（吨）			氮氧化物（吨）			烟粉尘（吨）		
2016	33210.02	70614.09	789443.81	96119.41	144748.63	1126640.12	34535.35	78144.13	1256835.95
2017	20085.40	55643.87	602365.82	144513.88	142264.98	1056049.38	20423.74	65191.22	803689.19

（3）废水排放总量（万吨）。如图3-1，从2015~2017三年京津冀三地废水排放总量上看，河北地区环境质量最差。

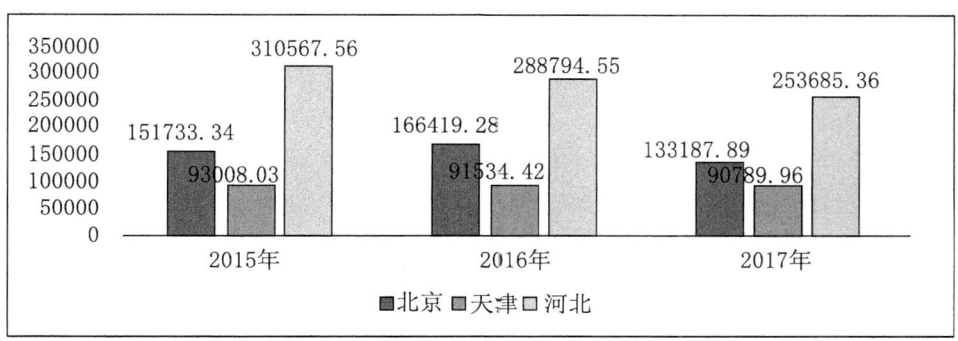

图 3-1 2015~2017 年京津冀三地废水排放总量

（4）地区环境管理方案。一个地区环境质量的优劣不仅影响着该地区的形象，还关系着人们的生活质量。为了推进生态文明建设，进而加快推进京津冀协同发展，三地相继出台了一系列环境整治办法以完善生态文明建设的基础性制度。2017年北京市出台了《北京市生态文明建设目标评价考核办法》《北京市生态文明建设考核目标体系》《北京市绿色发展指标体系》等相关环境治理办法，试编自然资源资产负债表，开展领导干部自然资源资产离任审计试点，划定生态保护红线，进行环境管理，全面落实大气污染治理、水资源污染治理、土壤污染防治等，加大环境执法力度，成立市级环境督察机构，全力打好污染防治攻坚战。天津市的环保措施主要有建立环境准入制度有效控制污染源；加强环境执法，贯彻落实各项环保法律法规，出台《天津市生态环境检测网络建设工作方案》推进监测体制改革；加强与其他部门的合作，天津市政府签订了《共同推进水体污染控制与治理科技重大专项合作备忘录》等相关文件，着力解决环境问题；河北地区出台了《河北省生态环境保护"十三五"规划》《河北省生态环境保护责任规定》，制定了《河北省重污染天气应急预案修订指导意见》，与天津签订《关于引滦入津上下游横向生态补偿的协议》，与北京建立密云水库水源涵养区生态补偿机制，加强京津冀三地协同治理。

3.3 问卷设计

目前没有研究企业环境价值观、企业环境行为的成熟量表，为了保证设计的问卷维度合理、有区分度、能反映所要了解的问题现状，问卷设计前期多方查阅设计问卷的文献资料，尽可能规范问卷，从而使所设计的问卷更有指向性。此外，在设计本篇问卷时结合京津冀三地环境背景，使所设问卷更有针对性；设计好问卷之后咨询相关专家，多次与导师讨论、修改，并找同学试答问卷，剔除针对性不强、有歧义、表达不明确的题项。

调查问卷的发放限定在京津冀三个地区，调查内容分成四部分，共50题，采用李克特五级量表，题项均为封闭式（见附录A）。问卷主要分为四部分：

第1部分，前言。主要解释此次调查问卷的背景与意义，对答题规则和要求进行了说明，并对答卷的保密性进行了解释，减轻被调查者的心理压力，增强答卷结果的真实性。

第2部分，企业基本情况的调查。本部分由7道题构成，主要了解被调查者所在的企业的基本情况，主要包括企业所在省市、被调查者的职位、性别、所在企业的行业类型、企业性质及存续时间等。

第3部分，企业环境价值观现状的调查。本部分包含28道题，主要从员工的环境意识及行为、企业发展战略、企业的经营理念、企业的决策规则、企业的运营模式等五个维度来了解京津冀三地企业环境价值观现状。

第4部分，企业环境行为实施情况的调查。本部分设置了15道题，从环境规制、绿色创新、环境信息披露、绿色培训和就业四个维度来评价企业环境行为实施的好坏。

此次调查活动的开展主要依托问卷星网络科技有限公司这一渠道对京津冀三地企业中高级管理人员进行调查，共发放406份问卷，剔除前后回答逻辑不一致、答案不完整等无效问卷后，共回收378份有效问卷，回收率为93%。北京地区回收有效问卷167份，天津地区98份，河北地区113份。

企业环境价值观现状调查及实证检验

本章主要对回收后的问卷进行数据处理，首先对企业的基本情况进行描述性统计，以了解所得样本的大致分布情况；其次分别对企业环境价值观和企业环境行为这两部分问卷进行信效度检验，以初步评价问卷的可靠性与合理性，并进行相关性分析，以剔除不合理的题项；在此基础上，运用因子分析法分别对样本企业的环境价值观和环境行为状况进行评分，以分析地区差异；最后，对企业环境价值观的五个维度及企业环境行为进行回归分析，探究企业环境价值观的各个维度对企业环境行为的影响效果。

4.1 描述性统计

对回收后样本进行统计，样本企业属于煤炭行业的有 12 家、化工行业 52 家、电力行业 68 家、建材行业 68 家、纺织行业 33 家、其他 145 家。具体调查结果如表 4-1 所示。

表 4-1　描述性统计

项目	类别	频数	百分比（%）
企业所属省/市	北京	167	44.18
	天津	98	25.93
	河北	113	29.89

续表

项目	类别	频数	百分比（%）
企业所属行业	煤炭	12	3.17
	化工	52	13.76
	电力	68	17.99
	建材	68	17.99
	纺织	33	8.73
	其他	145	38.36
企业类型	国有上市	83	21.96
	国有非上市	62	16.40
	民营上市	68	17.99
	民营非上市	165	43.65
企业存续时间	0年~3年	22	5.82
	4年~10年	147	38.89
	11年~50年	190	50.26
	50年以上	19	5.03
企业近三年的年均营业收入	100万元以下	29	7.67
	100万元~499万元	62	16.40
	500万元~999万元	86	22.75
	1000万元~4999万元	97	25.66
	5000万元以上	104	27.51
职位	高级管理人员	145	38.36
	其他管理人员	233	61.64
性别	男	216	57.14
	女	162	42.86

表4-1显示：企业近三年的年均营业收入在500万元以下的有91家，500万元~5000万元的有183家，5000万以上的有104家；企业存续时间11年~50年的最多，有190家，其次是4年至10年的，有147家，存续时间在

3 年以下的和 50 年以上的都比较少，分别为 22 家和 19 家。

4.2 企业环境价值观现状评价

4.2.1 信度和效度检验

（1）信度检验。本篇运用 SPSS22.0 数据分析软件对企业环境价值观现状进行评价，首先要对问卷中企业环境价值观部分的五个维度，所包含的 28 个题项进行信度检验，以确定所设计的问卷是可靠的。信度分析常用 Cronbach α 信度系数，信度系数应该在 0 ~1 之间，信度系数越高则表示量表具有较高的可靠性。如果信度系数在 0.9 以上表示量表的可靠性很好，通常认为量表的信度在 0.8 ~0.9 之间是比较合适的。

表 4-2　信度检验结果

Cronbach 的 Alpha	项目个数
.927	28

对问卷中企业环境价值观现状调查部分进行信度检验，检验显示，企业环境价值观部分问卷整体的 α 值为 0.927，说明该问卷整体的可靠性较好。

表 4-3　企业环境价值观评价指标 KMO 和 Bartlett 检验

Kaiser-Meyer-Olkin 值		.928
Bartlett 的球形检定	大约卡方	8267.925
	df	378
	显著性	.000

（2）效度检验。企业环境价值观评价指标有 28 个，首先要从 KMO 和 Bartlett 检验来判断问卷的效度。通常认为 KMO 值越接近 1 表明问卷的效度越好，越适合做因子分析，也可以从 Bartlett 验证问卷是否适合做因子分析。表 4-3 显示，KMO 值为 0.928 且球形检验结果 sig 小于 0.05，一般认为 KMO 值大于 0.9 时，样本非常适合做因子分析。

4.2.2 相关性检验

进行信度和效度检验是问卷分析的第一步，其次还需要对问卷中所设置的 28 个题项进行相关性检验以剔除相关系数较小、显著性不高的指标，最终确定评价企业环境价值观的指标。问卷前 7 题是企业基本情况的调查，第 8 题至第 35 题是针对企业环境价值观的调查，进行数据分析时分别用 Q8~Q35 代替。由表 4-4 相关性检验结果可知，测量企业环境价值观的 28 个题项均在 0.01 水平上显著相关，无需剔除题项。

表 4-4　相关性检验

	Q8	Q9	Q10	Q11	Q12	Q13	Q14	Q15	Q16	Q17	Q18	Q19	Q20	Q21	Q22	Q23	Q24	Q25	Q26	Q27	Q28	Q29	Q30	Q31	Q32	Q33	Q34	Q35
Q8	1																											
Q9	.746**	1																										
Q10	.699**	.656**	1																									
Q11	.730**	.716**	.666**	1																								
Q12	.690**	.682**	.613**	.679**	1																							
Q13	.785**	.741**	.700**	.761**	.721**	1																						
Q14	.253**	.251**	.259**	.252**	.224**	.290**	1																					
Q15	.316**	.321**	.269**	.292**	.278**	.352**	.681**	1																				
Q16	.274**	.244**	.275**	.251**	.238**	.334**	.685**	.709**	1																			
Q17	.246**	.236**	.227**	.225**	.192**	.267**	.702**	.689**	.697**	1																		
Q18	.297**	.252**	.252**	.278**	.253**	.343**	.725**	.699**	.688**	.660**	1																	
Q19	.309**	.252**	.217**	.207**	.220**	.234**	.188**	.253**	.203**	.188**	.269**	1																
Q20	.304**	.273**	.210**	.254**	.251**	.244**	.140**	.211**	.174**	.149**	.195**	.732**	1															
Q21	.241**	.229**	.194**	.194**	.193**	.210**	.117*	.211**	.175**	.153**	.205**	.615**	.670**	1														
Q22	.263**	.217**	.220**	.192**	.197**	.241**	.119*	.160**	.131**	*0.092	.121**	.569**	.698**	.707**	1													
Q23	.242**	.185**	.228**	.223**	.220**	.226**	.230**	.278**	.234**	.184**	.280**	.153**	.223**	.220**	.145**	1												
Q24	.244**	.213**	.204**	.219**	.232**	.211**	.276**	.279**	.265**	.199**	.264**	.116*	.230**	.235**	.202**	.672**	1											
Q25	.264**	.233**	.247**	.261**	.255**	.251**	.253**	.309**	.280**	.215**	.296**	.187**	.273**	.304**	.240**	.793**	.727**	1										
Q26	.243**	.193**	.207**	.202**	.235**	.200**	.193**	.242**	.207**	.143**	.231**	.176**	.271**	.295**	.223**	.706**	.701**	.712**	1									
Q27	.212**	.179**	.215**	.220**	.192**	.194**	.224**	.271**	.236**	.194**	.271**	.148**	.224**	.201**	.154**	.692**	.637**	.675**	.653**	1								
Q28	.238**	.178**	.207**	.198**	.237**	.206**	.291**	.310**	.247**	.213**	.278**	.170**	.251**	.261**	.220**	.691**	.671**	.728**	.696**	.657**	1							
Q29	.284**	.222**	.260**	.264**	.242**	.249**	.277**	.307**	.230**	.187**	.270**	.227**	.752**	.758**	.817**	.749**	.728**	.772**		1								
Q30	.255**	.217**	.226**	.234**	.209**	.218**	.266**	.247**	.272**	.181**	.261**	.230**	.176**	.736**	.672**	.728**	.668**	.657**	.663**	.755**		1						
Q31	.229**	.240**	.209**	.217**	.166**	.233**	.253**	.259**	.192**	.207**	.275**	.240**	.188**	.206**	.141**	.245**	.236**	.239**	.195**	.255**	.309**	.281**	.258**	1				
Q32	.205**	.181**	.222**	.143**	.132**	*166**	.240**	.229**	.204**	.261**	.195**	.221**	.201**	.239**	.158**	.174**	.212**	.218**	.195**	.226**	.279**	.265**	.241**	.669**	1			
Q33	.184**	.212**	.198**	.206**	.152**	.191**	.151**	.190**	.129**	*176**	.205**	.162**	.111**	*161**	0.088	.164**	.181**	.202**	.150**	.184**	.191**	.248**	.247**	.644**	.572**	1		
Q34	.184**	.168**	.210**	.180**	.133**	.183**	.267**	.283**	.248**	.261**	.309**	.225**	.242**	.195**	.231**	.195**	.191**	.138**	.217**	.290**	.267**	.255**	.656**	.595**	.564**	1		
Q35	.230**	.246**	.239**	.250**	.166**	.226**	.260**	.305**	.209**	.260**	.248**	.241**	.168**	.182**	*125**	.261**	.247**	.244**	.226**	.255**	.299**	.313**	.294**	.794**	.732**	.706**	.718**	1

注：**. 在 .01 水平（双侧）上显著

4.2.3 因子分析

从信效度分析结果来看，问卷整体设计是合理可靠的，但仅进行这两步还是不够的，接下来要做因子分析。因子分析的主要目的是从量表的全部题项中提取主成分，这些主成分代表了量表的基本结构。从因子分析的结果中也可以看出问卷所划分的维度是否合理。

表 4-5　主成分分析结果

成分	起始特征值			提取平方和载入			循环平方和载入		
	合计	方差的 %	累加 %	合计	方差的 %	累加 %	合计	方差的 %	累加 %
1	9.562	34.151	34.151	9.562	34.151	34.151	5.992	21.398	21.398
2	3.700	13.215	47.366	3.700	13.215	47.366	4.554	16.263	37.662
3	2.909	10.388	57.754	2.909	10.388	57.754	3.785	13.516	51.178
4	2.604	9.301	67.055	2.604	9.301	67.055	3.705	13.233	64.411
5	2.277	8.131	75.187	2.277	8.131	75.187	3.017	10.776	75.187
6	.529	1.890	77.077						
7	.485	1.733	78.810						
8	.433	1.547	80.357						
9	.431	1.539	81.896						
10	.388	1.386	83.282						
11	.365	1.304	84.586						
12	.361	1.288	85.874						
13	.344	1.228	87.102						
14	.338	1.209	88.311						
15	.316	1.130	89.441						
16	.306	1.092	90.533						
17	.286	1.023	91.556						
18	.281	1.002	92.558						

续表

成分	起始特征值			提取平方和载入			循环平方和载入		
	合计	方差的 %	累加 %	合计	方差的 %	累加 %	合计	方差的 %	累加 %
19	.275	.982	93.540						
20	.262	.934	94.474						
21	.253	.904	95.377						
22	.225	.805	96.182						
23	.221	.788	96.971						
24	.206	.736	97.706						
25	.189	.674	98.380						
26	.167	.598	98.978						
27	.148	.530	99.509						
28	.138	.491	100.000						

提取方法：主成分分析。

累积贡献率反映主成分对问卷的累积有效程度，共同度反映由主成分解释原变量的有效程度，因子负荷反映原变量与某个主成分的相关程度。从表4-5主成分分析结果来看，基于特征值大于1，可以从这28个题项中，提取5个主成分，累计方差贡献率为75.187%，说明这5个主成分可以解释75%的变量，超过了一般水平。

表4-6 主成分评分系数矩阵

题项	成分 1	成分 2	成分 3	成分 4	成分 5
Q8	-.018	.209	-.032	-.018	-.005
Q9	-.027	.211	-.033	-.006	-.018
Q10	-.016	.199	-.031	-.001	-.034
Q11	-.015	.215	-.034	-.011	-.038
Q12	-.008	.208	-.036	-.032	-.025
Q13	-.026	.216	-.010	-.021	-.030

题项	成分 1	成分 2	成分 3	成分 4	成分 5
Q14	-.023	-.034	.257	-.021	-.028
Q15	-.021	-.023	.240	-.023	-.002
Q16	-.023	-.029	.258	-.045	-.008
Q17	-.038	-.039	.262	-.016	-.016
Q18	-.020	-.030	.246	-.028	-.004
Q19	-.048	-.030	.011	.002	.295
Q20	-.017	-.024	-.019	-.032	.315
Q21	-.014	-.041	-.017	-.016	.305
Q22	-.021	-.024	-.029	-.037	.314
Q23	.165	-.012	-.023	-.024	-.033
Q24	.155	-.014	-.013	-.025	-.025
Q25	.162	-.011	-.017	-.034	-.005
Q26	.161	-.013	-.037	-.039	.006
Q27	.152	-.017	-.017	-.012	-.030
Q28	.149	-.027	-.013	.000	-.012
Q29	.162	-.016	-.015	-.011	-.021
Q30	.153	-.014	-.026	-.003	-.022
Q31	-.021	-.012	-.030	.256	-.024
Q32	-.024	-.027	-.022	.242	-.004
Q33	-.022	.001	-.048	.250	-.045
Q34	-.031	-.035	-.005	.232	.018
Q35	-.021	-.012	-.028	.271	-.039

提取方法：主成分分析。

转轴方法：具有 Kaiser 正规化的最大变异法。

成分评分。

根据表 4-6 主成分评分系数矩阵，可以列出 5 个主成分评分方程，如下所示：

Fi = ΣQj * k1j

其中：i = 1~5，j = 8~35

上述 5 个主成分评分方程分别与累计方差贡献率相除，可以得到计算企业环境价值观总得分的方程 S，计算结果如附录 B 所示。

4.2.4 企业环境价值观现状评价的结果分析

三地经济状况、环境背景均有差异，企业环境价值观的得分也不尽相同。如图 4-1 显示，北京地区企业环境价值观评分高于天津、河北地区。北京地区颁布的环境法规、居民自身的环境素养及对良好生活环境质量的追求、媒体对环境污染的报道等都是导致北京地区企业环境价值观评分较高的原因。

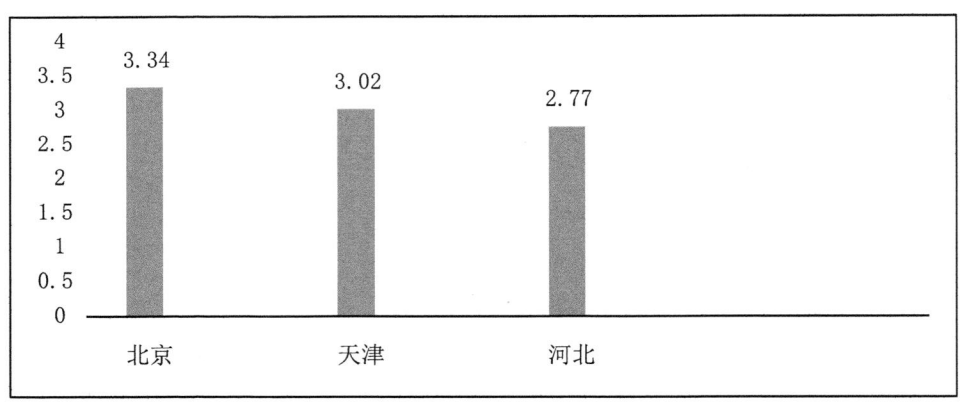

图 4-1 京津冀三地企业环境价值观评分比较

经过对 378 家样本企业进行评分，可以看出，企业存续时间、企业性质、企业规模等的不同，均会导致不同的得分情况。因而在后文中使用企业环境价值观五个维度对企业环境行为进行回归分析，研究企业环境价值观的各个维度对企业环境行为影响的强弱时，要把上述几个变量作为控制变量考虑在内。

4.3 企业环境价值观五维度检验

4.3.1 信度和效度检验

（1）信度检验。对企业环境行为评分结果进行分析前需要对企业环境行为的 15 个评价指标进行信度检验，问卷中的第 36 题至第 50 题是用来评价企业环境行为的，进行数据分析时分别用 Q36~Q50 代替。

表 4-7　企业环境行为信度检验

Cronbach 的 Alpha	项目个数
.890	15

表 4-7 是评价企业环境行为所设置的 15 个题项的可靠性。结果显示，α 值为 0.89，说明企业环境行为评价指标具有较好的可靠性，可以进行后续研究。

（2）效度检验。在对研究企业环境行为的 15 个题项进行因子分析前，先对 KMO 和 Bartlett 检验进行效度分析，检验问卷设计的合理性，然后再对评价指标进行降维，提取主成分。

表 4-8　企业环境行为评价指标 KMO 和 Bartlett 检验

Kaiser-Meyer-Olkin 值		.875
Bartlett 的球形检定	大约卡方	3363.691
	df	105
	显著性	.000

由表 4-8 可知，企业环境行为的评价指标的 KMO 值为 0.875，球形检验结果显著性水平小于 0.05，检验结果显示可以对评价指标进行因子分析，提取主成分。

4.3.2 相关性检验

企业环境行为的 15 个评价指标通过了信度和效度检验，接下来对企业环境行为的 15 个题项进行相关性分析，剔除相关性不强的题项。

表 4-9　企业环境行为评价指标相关性检验

	Q36	Q37	Q38	Q39	Q40	Q42	Q43	Q44	Q45	Q46	Q47	Q48	Q49	Q50
Q36	1													
Q37	.632**	1												
Q38	.708**	.615**	1											
Q39	.654**	.561**	.612**	1										
Q40	.706**	.515**	.676**	.588**	1									
Q41	.303**	.250**	.213**	.271**	.264**									
Q42	.261**	.234**	.259**	.240**	.234**	1								
Q43	.307**	.263**	.261**	.266**	.299**	.695**	1							
Q44	.319**	.302**	.302**	.284**	.284**	.705**	.684**	1						
Q45	.296**	.319**	.296**	.271**	.259**	.227**	.179**	.234**	1					
Q46	.320**	.365**	.310**	.327**	.261**	.311**	.293**	.314**	.614**	1				
Q47	.297**	.278**	.305**	.276**	.246**	.160**	.128*	.147**	.750**	.645**	1			
Q48	.270**	.230**	.258**	.260**	.234**	.230**	.185**	.215**	.737**	.615**	.719**	1		
Q49	.302**	.301**	.268**	.270**	.319**	.284**	.257**	.333**	.306**	.243**	.257**	.246**	1	
Q50	.335**	.348**	.331**	.245**	.343**	.252**	.277**	.291**	.283**	.236**	.205**	.184**	.739**	1

注：＊＊．在 .01 水平（双侧）上显著相关。

从表 4-9 可以看出，评价企业环境行为的各个指标间的相关性较强，且均在 0.01 水平上显著相关，说明这 15 个题项均有效，无需剔除。

4.3.3 因子分析

对企业环境行为进行了信效度检验及相关性分析后，可以看出该部分问卷的可靠性较好，问卷设计较为合理，因而可以进行因子分析来对京津冀三地企业的环境行为进行评分，表 4-10 为企业环境行为部分主成分分析的结果。

表 4-10 主成分分析结果

成分	起始特征值			提取平方和载入			循环平方和载入		
	合计	方差的 %	累加 %	合计	方差的 %	累加 %	合计	方差的 %	累加 %
1	5.947	39.649	39.549	5.947	39.649	39.649	3.528	23.521	23.521
2	2.173	14.487	54.136	2.173	14.487	54.136	3.048	20.318	43.839
3	1.943	12.951	67.087	1.943	12.951	67.087	3.029	20.195	64.034
4	1.264	8.425	75.512	1.264	8.425	75.512	1.722	11.478	75.512
5	.530	3.535	79.046						
6	.478	3.184	82.231						
7	.415	2.768	84.999						
8	.369	2.459	87.458						
9	.333	2.219	89.577						
10	.300	2.003	91.580						
11	.271	1.808	93.488						
12	.268	1.789	95.277						
13	.263	1.753	97.030						
14	.243	1.617	98.647						
15	.203	1.353	100.000						

从表 4-10 主成分分析结果看，基于特征值大于 1，企业环境行为这部分问卷可以提取 4 个主成分，与问卷划分的四个维度相一致，说明问卷整体是较合理的。

表 4-11 主成分评分系数矩阵

项目	成分 1	成分 2	成分 3	成分 4
Q36	.285	-.047	-.034	-.056
Q37	.234	-.025	-.042	-.006
Q38	.285	-.039	-.052	-.057
Q39	.269	-.029	-.025	-.102

项目	成分 1	成分 2	成分 3	成分 4
Q40	.268	−.066	−.042	−.007
Q41	−.044	−.022	.297	−.041
Q42	−.066	−.012	.329	−.054
Q43	−.031	−.042	.316	−.057
Q44	−.038	−.033	.306	−.020
Q45	−.058	.314	−.046	.027
Q46	−.030	.266	.044	−.083
Q47	−.036	.331	−.073	−.025
Q48	−.063	.328	−.019	−.051
Q49	−.081	−.027	−.046	.587
Q50	−.051	−.056	−.061	.590

提取方法：主成分分析。

转轴方法：具有 Kaiser 正规化的最大变异法。

成分评分。

由主成分评分系数矩阵表 4-11 可以得出样本企业环境行为的四个主成分方程，并计算出企业环境行为的总得分方程，样本企业得分情况如附录 C 所示。

对企业环境行为的得分情况做进一步统计分析，可以计算出三地企业环境行为得分的平均值，从图 4-2 我们可以直观地看出区域企业环境行为实施状况的好坏。北京作为我国的首都，受外界的关注会更多，再加上十八大以来，国家对环境治理异常重视，因而当地企业会倾向于实施良好的企业环境行为；河北地区的企业环境行为在三地中实施得较差，天津地区企业环境行为实施得居中。总的来说，京津冀三地针对改善环境质量出台了一系列规章制度，会在一定程度上促使企业实施积极的环境行为。企业环境价值观与企业环境行为进行比对，企业环境价值观评分高的企业，相应的企业环境行为评分也比较高。

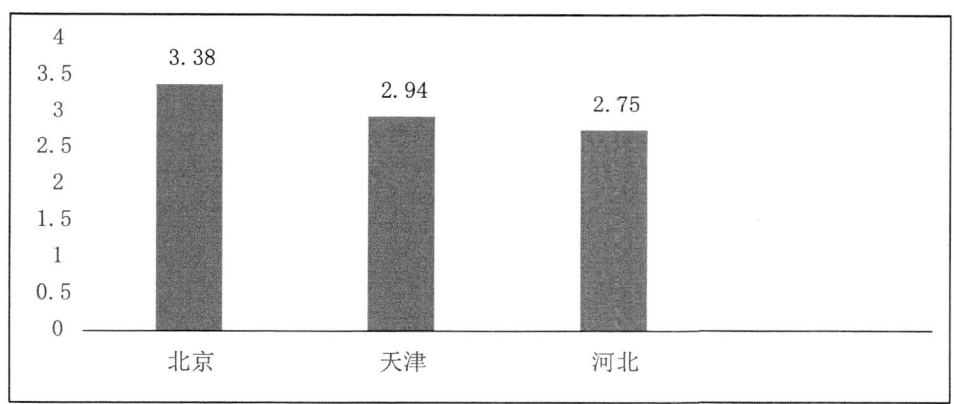

图 4-2　京津冀三地企业环境行为评分

4.3.4 回归分析

前文述及企业环境价值观的概念及其五个维度的划分，并对企业环境价值观和企业环境行为评分结果进行比对，可以看出企业环境价值观与企业环境行为得分具有一致性，初步判断企业环境价值观越高则企业环境行为的实施情况越好。此外，从京津冀三地相关环境背景的介绍，我们也能直观地看出企业环境行为实施的地区差异。接下来我们将运用收集和整理的实际数据研究企业环境价值观的各个维度对企业环境行为的影响。研究企业环境价值观对企业环境行为的影响时，将企业环境行为得分设定为被解释变量；将员工的环境意识及行为、企业的发展战略、企业的经营理念、企业的决策规则、企业的运营模式设定为解释变量；将企业存续时间、企业性质、企业规模设定为控制变量，变量取值均为样本企业得分的均值。构建多元回归模型对研究企业环境价值观与企业环境行为的关系，模型公式如下（4-1）。

$$EB = \beta_0 + \beta_1 EA + \beta_2 DS + \beta_3 MI + \beta_4 DR + \beta_5 OM + \beta_6 DP + \beta_7 EP + \beta_8 ES \ (4\text{-}1)$$

其中，β_0 为常数项，$\beta_1 \sim \beta_5$ 为解释变量的相关系数，$\beta_6 \sim \beta_8$ 是控制变量的解释系数。

表 4-12　变量定义表

变量类型	变量符号	变量名称
被解释变量	EB	企业环境行为
	EA	员工的环境意识及行为
	DS	企业发展战略
解释变量	MI	企业的经营理念
	DR	企业的决策规则
	OM	企业的运营模式
	DP	企业存续时间
控制变量	EP	企业性质
	ES	企业规模

（1）变量间的相关性分析。本研究采用相关系数法对于模型中的解释变量与控制变量进行相关性分析，各个变量之间的相关系数矩阵如下表所示：

表 4-13　各个变量间的相关系数

项目	EA	DS	MI	DR	OM	EB	DP	EP	ES
EA	1								
DS	.354**	1							
MI	.309**	.230**	1						
DR	.300**	.336**	.290**	1					
OM	.264**	.308**	.257**	.316**	1				
EB	.521**	.522**	.492**	.418**	.379**	1			
DP	0.012	−0.004	−0.044	−0.03	−0.045	−0.03	1		
EP	0.062	0.004	−0.016	0.061	0.063	−0.013	−.311**	1	
ES	0	−0.03	0.059	0.03	0.075	0.093	−.244**	.339**	1

注：**. 在 .01 水平（双侧）上显著相关。

从表 4-13 中可以看出，解释变量与控制变量间的相关系数总体来说都比较小，最大值为 0.522，其余大部分相关系数都小于 0.5。一般来说，当相关系数大于 0.8 或 0.9 时，可能会存在多重共线性的问题，通过上表可以看出，变量之间基本上不会存在这种问题，对下面的回归分析不会产生严重影响。

（2）多元回归结果及分析。根据构建的多元回归分析模型，对变量进行回归分析，研究自变量与因变量的关系。从回归结果来看，调整后的 R 方为 0.52，说明该模型的自变量解释了因变量 52% 的总变化，模型整体是显著的。

表 4-14　模型回归结果

模型摘要				
模型	R	R 平方	调整后 R 平方	标准偏斜度错误
1	.728[a]	.530	.520	.355

a. 变量、参数：（常数），ES，EA，DP，OM，MI，DR，EP，DS

表 4-15 是变异系数分析的结果，主要从 F 和 Sig 的值来判断整个回归方程有没有价值。结果显示，F 值为 52.095＞Fa（8，369）＝1.96，说明模型中的解释变量总体上对被解释变量有显著影响。

表 4-15　变异系数分析

变异系数分析[a]					
模型		平方和	df	平均值平方	F	Sig.
	回归	52.425	8	6.553	52.095	.000[b]
1	残差	46.417	369	.126		
	统计	98.842	377			

a. 应变数：EB

b. 预测值：（常数），ES，EA，DP，OM，MI，DR，EP，DS

表 4-16 变量回归结果

系数					
模型	非标准化系数		标准化系数	T	显著性
	B	标准错误	Beta		
（常数）	.405	.172		2.346	.020
EA	.168	.025	.274	6.809	.000
DS	.187	.026	.291	7.223	.000
MI	.175	.025	.268	6.866	.000
1 DR	.082	.026	.128	3.198	.002
OM	.070	.026	.104	2.640	.009
DP	−.005	.016	−.012	−.323	.747
EP	−.059	.030	−.078	−1.990	.047
ES	.040	.016	.098	2.530	.012

从表 4-16 变量回归结果看，员工的环境意识及行为、企业发展战略、企业的经营理念、企业的决策规则、企业的运营模式对企业环境行为均有正向影响，因而五个假设均成立，且员工的环境意识及行为、企业发展战略、企业的经营理念这三个维度对企业环境行为的影响较大。

结论与展望

5.1 研究结论

本篇针对京津冀三地的378家企业进行问卷调查，了解三地企业环境价值观现状和企业环境行为实施情况，分别从员工的环境意识及行为、企业发展战略、企业的经营理念、企业的决策规则、企业的运营模式五个维度考量了企业环境价值观；从环境规制、绿色创新、环境信息披露、绿色培训和就业四个维度来评价企业环境行为，并进行因子分析，分别计算出378家样本企业的企业环境价值观及企业环境行为的得分。最后对企业环境价值观的五个维度与企业环境行为进行回归分析，主要得出以下结论：

（1）三地企业环境价值观评分存在差异。从京津冀三地企业环境价值观评分结果看，北京地区的企业得分较天津、河北两地区略高，其中河北地区企业环境价值观得分最低。说明河北地区的企业对于环境问题的重视程度较北京、天津两地的企业较低。

（2）三地企业环境行为实施状况不同。从京津冀三地企业环境行为的得分情况看，北京地区企业得分均高于天津、河北两地的企业得分。三地中河北企业的得分最低，说明该地区企业环境行为有待改善。

（3）将三地企业的企业环境价值观得分与企业环境行为进行比对，可以看出，企业环境价值观与企业环境行为的得分具有内在一致性。企业环境价值观指导企业环境行为的实施，通过企业环境价值观的五个维度与企业环境行为的回归分析，研究得出企业环境价值观的各个维度均对企业环境行为的实施有正向影响，其中员工的环境意识及行为、企业发展战略、企业的经营理念这三个维度影响较大。

5.2 政策建议

从企业环境价值观及企业环境行为的研究结果看，良好的企业环境价值观能够引导企业的亲环境行为，从根本上推动社会经济实现绿色环保和可持续发展。从第 2 章对企业环境价值观的探讨来看，企业环境价值观是企业在同自然资源与环境，及各方面利益相关者的博弈过程中，以管理者为媒介，把人类环境价值观中的可持续发展理念逐步内化于企业经营、管理决策及商业运营的全过程，所形成的企业价值观的有机组成部分。从第 3 章京津冀三地环境背景差异及第 4 章问卷结果分析来看，我们可以从以下四个方面培育企业环境价值观，进而促使企业实施良好的企业环境行为。

（1）完善法律法规。一个地区环境法律法规越完善，企业越不易钻法律的空子。环境处罚的力度越大，破坏环境越得不偿失，企业作为理性经济人相应地就会注意自己的环境行为。河北地区企业环境价值观及企业环境行为实施状况在三地中最差，从三地环境规制措施看，北京、天津两地的环境政策较河北地区更为严格。企业环境价值观的提升可以从加强该地区的环境规制入手，迫使企业在运营过程中考虑环境法规，由被动向主动转变，从而形成一个良性循环。此外，目前关于环境信息披露并没有强制性的规定，存在披露不足、内容格式不统一等问题。如果政府能规范环境信息披露，相应地企业的环境行为也会有所改善。

（2）加强环境监管。有了完善的法律，还需要有效的监管。媒体对环境污染事件的报道，社区居民对环保产品的追捧等都会对企业环境行为起到监管作用。通过环境监管的外力作用，倒逼企业逐步形成良性的环境价值观，并内化于企业的经营决策和管理活动，最终导致企业良性的环境行为。

（3）提高员工的环境意识。企业环境行为可以说是员工环境意识的外化，只有提高企业员工的环境意识，才能从根本上带动企业实施积极的环境行为。从回归结果来看，员工的环境意识及行为这一维度对企业环境行为的影响最大，对此，政府可以多进行环保宣传、开展环保知识普及讲座、鼓励企业开展环保知识竞赛等来增强员工的环保意识。

（4）将环保理念融入企业发展战略、企业的经营理念。从回归分析结果上看，企业发展战略、企业的经营理念对企业实施积极的环境行为影响较大，把可持续发展的理念融入到企业的经营理念当中，将环境保护上升到企业发展战略层面，将会促使企业实施积极的环境行为。

5.3 研究局限与展望

（1）数据来源渠道较单一。本篇的问卷数据主要是通过委托问卷星科技有限公司进行发放与收集的，所调查的样本企业的地区、行业、规模等可能存在一些局限性。被调查者填写问卷可能不是很认真，数据可能不能真实地反映其所在企业的环境价值观现状。

（2）问卷设计存在一定的主观性。现有研究关于企业环境价值观、企业环境行为的文献较少，更没有开发出研究这方面问题的成熟量表，因而，本篇所设计的问卷可能不全面，量表的维度划分可能有疏漏。

针对以上不足，未来研究可以采用拓宽问卷填写的渠道，比如，电话访谈、实地走访等形式，弥补数据获取渠道单一的问题，从而也会提高问卷数据的可靠性。企业环境价值观具有稳定性，本篇只调查了一年数据，未来研究可以选取三至五年的数据，进行面板分析，可能更有说服力。

参考文献

［1］参见楼晓靖：“‘中国制造’面临的问题探析”，载《商场现代化》2005 年第20 期。

［2］参见赵兴娟：“试析社会主义市场经济条件下企业发展的伦理之维”，载《沿海企业与科技》2010 年第 1 期。

［3］参见阚付有、曾抗美、李旭东：“ACF 吸附法处理苯酚泄漏造成的河流突发污染事故模拟研究”，载《环境科学学报》2008 年第 12 期。

［4］参见沈立军、高培晋：“环境价值观静态研究综述”，载《太原科技》2007 年第4 期。

［5］申艾青：“湿地公园游客的游憩冲击感知与环境态度及总体满意度关系研究——以广州南沙湿地公园为例”，暨南大学 2015 年硕士学位论文。

［6］P. C. Stern（et. al.），"A Value-Belief-Norm Theory of Support for Social Movements：The Case of Environmentalism"，*Human Ecology Review*，Vol. 6，No. 2，1999，pp. 81-97.

［7］参见黄震方：“关于旅游业可持续发展的环境伦理学思考”，载《旅游学刊》

2001 年第 2 期。

[8] 参见李焕之："武装冲突时期的环境保护——环境伦理学的视角"，中国政法大学 2017 年硕士学位论文。

[9] 参见王建明："论'以人为本'的环境价值观——科学发展观的环境伦理学视野"，载《江海学刊》2005 年第 4 期。

[10] 参见刘思华："科学发展观视域中的绿色发展"，载《当代经济研究》2011 年第 5 期。

[11] 参见吴金希、甄朝党："浅议企业战略管理中的价值观因素"，载《云南财贸学院学报》2001 年第 5 期。

[12] 参见贲恩正、祝慧烨："东西方企业价值观管理比较"，载《中外企业文化》2007 年第 6 期。

[13] 参见莫劢："企业价值观构建中领导者的素质准备"，载《经济与社会发展》2010 年第 1 期。

[14] 参见李季芳："以社会互利导向构建我国企业价值观——基于'三聚氰胺'奶粉事件的反思"，载《经济管理》2010 年第 7 期。

[15] 参见冷霄汉、李季芳："基于过程与结果关系视角探究我国企业价值观"，载《烟台大学学报（哲学社会科学版）》2012 年第 3 期。

[16] 参见乔东、张显涛、李海燕："试论企业价值观"，载《经济师》2003 年第 5 期，142~143。

[17] 参见西蒙.L.多伦、萨尔瓦多·加西亚：《价值观管理　21 世纪企业生存之道》，中国人民大学出版社 2009 年版。

[18] 参见王宇露、江华："企业环境行为研究理论脉络与演进逻辑探析"，载《外国经济与管理》2012 年第 8 期。

[19] See Sheoli Pargal, David Wheeler, "Informal Regulation of Industrial Pollution in Developing Countries: Evidence from Indonesia", *Journal of Political Economy*, Vol. 104, No. 4, 1996, pp. 1314-1327.

[20] See P. Christmann, G. Taylor, "Globalization and the 24 Academy of Management Perspectives August environment: Determinants of firm self-regulation in China", *Journal of International Business Studies*, Vol. 32, No. 3, 2001, pp. 438-458.

[21] 参见徐华、赵晓康、JIE Shen："利益相关者环境利益要求与企业环境响应"，载《软科学》2015 年第 12 期。

[22] 参见莫似影、张长江："环境价值观、环境行为与环境绩效——来自中国重污染行业上市公司的经验证据"，载《财会月刊》2016 年第 36 期。

[23] 参见李照华、叶艳丽、王志亮："企业环境价值观培育路径的国际比较及启

示"，载《经营与管理》2018 年第 5 期。

　　［24］See Jing Dai，Frank L. Montabon，David E. Cantor，"Linking rival and stakeholder pressure to green supply management：Mediating role of top management support"，*Transportation Research Part E*，2014，71（C）：pp. 173-187.

　　［25］参见潘楚林、田虹："利益相关者压力、企业环境伦理与前瞻型环境战略"，载《管理科学》2016 年第 3 期。

　　［26］参见赵锦鹏："浅谈企业价值观对企业生存与发展的重要意义"，载《知识经济》2011 年第 9 期。

　　［27］参见陈雯、Dietrich Soyez、左文芳："工业绿色化：工业环境地理学研究动向"，载《地理研究》2003 年第 5 期。

　　［28］参见李富贵等："企业环境行为分析"，载《中国环境管理干部学院学报》2007 年第 1 期。

　　［29］参见王京芳、周浩、曾又其："企业环境管理整合性架构研究"，载《科技进步与对策》2008 年第 12 期。

　　［30］参见周曙东："'两型社会'建设中企业环境行为及其激励机理研究"，中南大学 2011 年博士学位论文。

　　［31］See Baumol，Willian J. and Wallace E. Oates，"The Use of Standards and Prices for Protection of the Environment"，*Swedish Journal of Economics*，1971，73（1）：pp. 45-54.

　　［32］参见余瑞祥、朱清："企业环境行为研究的现在与未来"，载《工业技术经济》2009 年第 8 期。

　　［33］参见陈兴荣、王来峰、余瑞祥："基于政府环境政策的企业主动环境行为研究"，载《软科学》2012 年第 11 期。

　　［34］See Hayami Y，"Assessment of the Green Revolution"，*Agricultural Development in the Third World*，Johns Hopkins University Press，1984.

　　［35］See Laura Gottsman，Jon Kessler，"Smart Screened Investments：Environmentally Screened Equity Funds that Perform Like Conventional Funcs"，*Journal of Investing*，1998，pp. 15-24.

　　［36］参见贺灿飞等："城市可持续发展和企业的环境行为——对昆明市企业环境行为的分析"，载《城市发展研究》2010 年第 7 期。

　　［37］参见李永波、魏荣琳："刍议企业积极环境行为"，载《中国石油企业》2016 年第 Z1 期。

　　［38］See Tyteca D.，"On the Measurement of the Environmental Performance of Firms A Literature Review and a Productive Efficiency Perspective"，*Journal of Environmental Management*，1996，pp. 281-308.

［39］ See Daryl Ritz, Janet Ranganathan, "Global Development on Environmental Performance Indicators", *Corporate Environmental Strategy*, 1998, pp. 47-52.

［40］参见李漫漫："基于环境责任的企业绩效评价指标体系构建"，载《合作经济与科技》2013 年第 15 期。

［41］参见宋子义、邹玉娜："平衡计分卡在企业环境绩效评价中的应用"，载《经济纵横》2010 年第 11 期。

［42］参见周曙东："企业环境行为绩效综合评价指标体系研究"，载《中国国情国力》2011 年 11 期。

［43］参见王宁宁："企业环境绩效评价指标体系构建问题研究"，载《学理论》2011 年第 17 期。

［44］参见方丽娟等："企业环境绩效评价指标体系构建及应用"，载《统计与决策》2013 年第 21 期。

［45］参见杨佳丽等："民营企业环境绩效评价指标体系研究"，载《江苏科技信息》2015 年第 11 期。

［46］参见王国猛等："个人价值观、环境态度与消费者绿色购买行为关系的实证研究"，载《软科学》2010 年第 4 期。

［47］ See Y. S. Chen, C. H. Chang, "The determinants of green product development performance: Green dynamic capabilities, green transformational leadership, and green creativity", *Journal of Business Ethics*, 2013, pp. 107-119.

［48］ See Oliver, Sheldon, SIR ISAAC PZTMAN & SONS LTD, *The philosophy of management*, 1923, pp. 12-20.

［49］参见 ［美］乔治·恩德勒：《面向行动的经济伦理学》，高国希等译，上海社会科学院出版社 2012 年版，第 23~26 页。

［50］参见许震黎："我国企业社会责任披露的现实选择"，载《中国农业会计》2012 年第 6 期。

［51］参见白平则："论公司的环境责任"，载《山西师大学报：社会科学版》2004 年第 2 期。

［52］参见高桂林：《公司的环境责任研究——以可持续发展原则为导向的法律制度建构》，法律出版社 2005 年版。

［53］ See Freeman, R. Edward, *Strategic Management: A Stakeholder Approach*, Pitman Publishing, 1984.

［54］ See Donaldson, T., Preston, L. E., "The stakeholder theory of the corporation: concepts, evidence, and implications", *The Academy of Management Review*, Vol. 20, NO. L., 1995, pp. 65-91.

［55］See M. A. Delmas, M. W. Toffel, "Stakeholders ard Environmental Mangement Practices: An Institutional Framework", *Business Strategy and the Environment*, VoL. 13, No. 4., 2004, pp. 209−222.

［56］参见盛明科、赵龙："非学术型硕士研究生教育质量外部评价机制研究"，载《长沙大学学报》2010 年第 6 期。

［57］See Stalley P., "Can Trade Green China? Participation in the Global Economy and the Environmental Performance of Chinese Firms", *Journal of Contemporary China*, Vol. 18, No. 61., 2009, pp. 567−590.

［58］See Petra Christmann, Glen Taylor, "Globalization and the Environment: Determinants of Firm Self−regulation in China", *Journal of International Business Studies*, Vol. 32, No. 3., 2001, pp. 439−458.

［59］See Lo. C., Fryxell G. & Tang S, "Environmental impact, stakeholder pressures, and corporate environmental management in China", *EU − China BMT Working Paper Series*, No. 002, 2008.

［60］参见［美］R. 卡逊：《寂静的春天》，吕瑞兰译，科学出版社 1979 年版。

［61］See D. H. Meadows (et al.), *The Limits to Growth*, Universe Books, 1972.

［62］参见黄彩、夏虹："国内外企业社会责任研究回顾"，载《东华理工大学学报（社会科学版）》2012 年第 3 期。

［63］参见宋怀东："京津冀一体化背景下河北钢铁企业环境绩效评价研究"，河北经贸大学 2015 年硕士学位论文。

企业环境价值观调查问卷

尊敬的先生/女士：

您好！感谢您能在百忙中抽取宝贵的时间填写问卷，本人是北方工业大学经济管理学院的硕士研究生，目前在撰写学位论文，该问卷为"企业环境价值观及其影响研究"的重要组成部分，特向您了解相关情况。本问卷答案无对错之分，请您根据实际情况认真填写，调查结果仅作研究之用，并无其他商业用途，我们会对问卷的调查结果进行严格的保密，再次感谢您的支持与配合！

填写说明：本问卷共50题，请您认真阅读每一选项后选择与您企业情况最为接近的选项，并在选项前的□打√。

一、企业基本情况

1. 企业所属省/市：□北京　　□天津　　□河北

2. 企业所属行业：□煤炭　□化工　□电力　□建材　□纺织　□其他

3. 企业类型：□国有上市　　□国有非上市　　□民营上市　　□民营非上市

4. 企业存续时间：□0年~3年　　□4年~10年　　□11年~50年　　□50年以上

5. 企业近三年的年均营业收入（单位：人民币）：

　　□100万元以下　　□100万元~499万元　　□500万元~999万元

　　□1000万元~4999万元　　□5000万元以上

6. 您在企业中的职位是：□高级管理人员　　□其他管理人员

7. 您的性别是：□男　　□女

二、企业环境价值观现状

（一）员工环境意识及行为

8. 我十分在意周边环境的质量
　　□完全符合 □基本符合 □不确定 □基本不符合 □完全不符合

9. 我非常关注各种环境问题
　　□完全符合 □基本符合 □不确定 □基本不符合 □完全不符合

10. 我了解现行的环保政策与法规
　　□完全符合 □基本符合 □不确定 □基本不符合 □完全不符合

11. 我在工作及生活中节约用水、节约用电
　　□完全符合 □基本符合 □不确定 □基本不符合 □完全不符合

12. 我在工作及生活中会对垃圾分类处理
　　□完全符合 □基本符合 □不确定 □基本不符合 □完全不符合

13. 我在工作中积极推行环境管理
　　□完全符合 □基本符合 □不确定 □基本不符合 □完全不符合

（二）企业发展战略

14. 企业制定环境导向的企业愿景
　　□非常重要 　□重要 　□一般 　□不重要 　□没必要

15. 企业建立环境管理目标
　　□非常重要 　□重要 　□一般 　□不重要 　□没必要

16. 企业制定环境保护制度对于企业发展
　　□非常重要 　□重要 　□一般 　□不重要 　□没必要

17. 企业环境治理对企业可持续发展战略的实施
　　□非常重要 　□重要 　□一般 　□不重要 　□没必要

18. 企业组织员工定期参加环保培训对于企业发展
　　□非常重要 　□重要 　□一般 　□不重要 　□没必要

（三）企业经营理念

19. 资源节约、环境友好理念对于企业的生存发展
　　□非常重要 　□重要 　□一般 　□不重要 　□没必要

20. 企业的绿色形象对企业的重要程度。
    □非常重要　□重要　□一般　□不重要　□没必要

21. 企业认证环境管理体系（如 ISO14000）对其绿色发展的重要程度
    □非常重要　□重要　□一般　□不重要　□没必要

22. 企业提倡使用可再生或低污染能源。
    □非常重要　□重要　□一般　□不重要　□没必要

（四）　企业决策规则

23. 企业增加环保投资
    □非常重要　□重要　□一般　□不重要　□没必要

24. 企业在事前考虑环境支出和环境损害
    □非常重要　□重要　□一般　□不重要　□没必要

25. 供应商环境责任的履行对本企业选择供应商的重要程度
    □非常重要　□重要　□一般　□不重要　□没必要

26. 国家颁布的法律法规对企业清洁生产的重要程度
    □非常重要　□重要　□一般　□不重要　□没必要

27. 政府给予的税收优惠对企业进行环境治理的重要程度
    □非常重要　□重要　□一般　□不重要　□没必要

28. 政府补贴或社会奖励对企业实施积极的环境行为的重要程度
    □非常重要　□重要　□一般　□不重要　□没必要

29. 消费者对环保产品的偏好对企业生产经营的重要程度
    □非常重要　□重要　□一般　□不重要　□没必要

30. 投资者对企业社会责任报告的关注对企业环境责任的履行
    □非常重要　□重要　□一般　□不重要　□没必要

（五）　企业运营模式

31. 企业实施清洁生产与生态设计
    □非常重要　□重要　□一般　□不重要　□没必要

32. 企业研发节能环保的产品
    □非常重要　□重要　□一般　□不重要　□没必要

33. 企业生产过程中会提高资源利用率、降低废品率
    □非常重要　□重要　□一般　□不重要　□没必要

34. 企业生产过程中使用环保材料
　　□非常重要　　□重要　　□一般　　□不重要　　□没必要

35. 企业进行产品报废与再利用管理
　　□非常重要　　□重要　　□一般　　□不重要　　□没必要

三、企业环境行为实施情况

（一）企业进行环境规制

36. 企业取得 ISO14000 认证
　　□完全符合 □基本符合 □不确定 □基本不符合 □完全不符合

37. 开展清洁生产计划
　　□完全符合 □基本符合 □不确定 □基本不符合 □完全不符合

38. 资源节约被列入企业绩效的考核目标
　　□完全符合 □基本符合 □不确定 □基本不符合 □完全不符合

39. 与政府开展自愿环境合作项目
　　□完全符合 □基本符合 □不确定 □基本不符合 □完全不符合

40. 使用绿色标志或生态标签
　　□完全符合 □基本符合 □不确定 □基本不符合 □完全不符合

（二）企业绿色创新

41. 企业研发清洁生产技术、节能环保技术
　　□完全符合 □基本符合 □不确定 □基本不符合 □完全不符合

42. 节约原材料投入、降低废弃物处理费用
　　□完全符合 □基本符合 □不确定 □基本不符合 □完全不符合

43. 产品生产、使用和报废处理时，能源消耗低
　　□完全符合 □基本符合 □不确定 □基本不符合 □完全不符合

44. 回收企业废旧产品用于循环再利用
　　□完全符合 □基本符合 □不确定 □基本不符合 □完全不符合

（三）环境信息披露

45. 企业定期对环境信息进行披露
　　□完全符合 □基本符合 □不确定 □基本不符合 □完全不符合

46. 披露的环境信息经过严格的第三方审计
　　□完全符合 □基本符合 □不确定 □基本不符合 □完全不符合

47. 环境信息披露能够真实地反映环境管理情况、清洁生产情况、污染排放和环境制度执行等情况
　　□完全符合 □基本符合 □不确定 □基本不符合 □完全不符合

48. 环境信息披露报告能够通过图表等方式增强可理解性
　　□完全符合 □基本符合 □不确定 □基本不符合 □完全不符合

　　（四）绿色培训和就业

49. 企业经常开展员工环保知识和绿色技能的培训，并给予学习进修的机会
　　□完全符合 □基本符合 □不确定 □基本不符合 □完全不符合

50. 实施绿色环境管理项目的工作岗位数量逐渐增多
　　□完全符合 □基本符合 □不确定 □基本不符合 □完全不符合

企业环境价值观评分结果汇总

企业编号	F1	F2	F3	F4	F5	S
1	2.86	3.05	3.56	2.20	1.15	2.67
2	3.38	3.44	2.84	4.27	4.15	3.56
3	4.18	2.61	2.71	3.69	4.23	3.50
4	2.85	3.27	2.20	3.81	2.57	2.95
5	2.82	3.46	3.51	1.87	4.39	3.14
6	1.85	1.82	2.79	2.30	3.42	2.32
7	2.17	1.06	3.23	1.28	4.46	2.29
8	3.75	1.14	3.28	1.71	4.71	2.88
9	1.83	1.30	2.15	2.41	3.49	2.11
10	4.58	2.61	1.96	2.24	3.17	3.07
11	3.48	2.76	2.85	3.04	2.58	3.00
12	4.45	3.53	2.40	1.82	3.11	3.23
13	3.19	2.25	3.90	4.45	3.04	3.31
14	3.67	4.39	2.50	3.13	2.31	3.32
15	3.46	4.27	3.27	1.94	3.65	3.36
16	2.42	3.85	4.15	3.04	1.30	2.99
17	4.00	1.65	2.41	3.89	4.43	3.25
18	3.14	3.07	3.86	3.24	3.94	3.39
19	1.35	2.51	4.33	4.23	4.44	3.09

续表

企业编号	F1	F2	F3	F4	F5	S
20	2.97	3.21	3.42	2.54	4.34	3.22
21	1.84	1.16	1.50	3.81	3.95	2.28
22	3.96	3.07	3.58	4.12	4.04	3.74
23	3.54	3.64	3.90	4.18	2.75	3.62
24	2.50	3.76	3.74	3.44	2.17	3.11
25	1.04	3.47	2.56	4.72	3.55	2.84
26	3.61	3.43	3.37	3.12	2.64	3.30
27	4.19	3.55	3.60	3.01	4.12	3.73
28	3.45	3.97	2.05	4.35	3.83	3.52
29	2.35	3.86	2.79	3.63	4.33	3.27
30	2.87	3.91	3.69	4.00	3.46	3.53
31	2.88	3.59	2.61	4.01	2.44	3.12
32	3.66	0.95	1.90	4.50	2.76	2.78
33	3.05	3.65	3.99	3.42	3.82	3.52
34	2.35	2.31	1.94	2.18	3.32	2.38
35	3.81	2.16	2.99	4.30	4.28	3.46
36	4.44	2.29	2.53	3.57	3.92	3.40
37	3.98	2.27	1.27	3.22	3.25	2.88
38	2.75	4.24	3.02	1.02	4.48	3.06
39	2.00	3.62	2.18	4.13	3.75	3.01
40	4.01	2.90	3.36	4.15	4.09	3.69
41	4.09	1.45	2.22	3.44	1.81	2.74
42	3.74	3.72	3.53	4.08	4.01	3.80
43	3.80	3.99	3.82	3.02	4.03	3.74
44	3.81	1.05	3.44	2.37	4.65	3.01
45	1.52	1.79	3.56	4.81	2.42	2.65

续表

企业编号	F1	F2	F3	F4	F5	S
46	3.65	3.96	2.14	3.47	4.21	3.50
47	1.74	1.73	2.74	3.70	2.68	2.40
48	3.99	3.19	3.32	3.04	2.69	3.34
49	4.19	2.54	3.75	2.28	3.11	3.26
50	2.56	3.58	2.01	3.69	2.31	2.85
51	4.07	3.63	3.85	3.33	3.15	3.67
52	3.39	3.66	3.11	4.03	3.79	3.57
53	2.65	3.04	0.97	3.89	4.52	2.92
54	2.67	3.12	3.24	4.31	2.18	3.09
55	1.99	2.62	2.71	4.61	4.14	3.02
56	3.93	3.74	3.53	3.79	3.99	3.80
57	4.03	2.65	3.22	4.32	2.92	3.48
58	2.77	1.07	2.81	3.40	4.05	2.71
59	3.09	2.91	3.02	3.23	3.13	3.07
60	3.87	3.98	3.97	2.27	4.16	3.67
61	3.18	3.09	1.81	3.71	4.38	3.18
62	1.87	3.17	1.63	4.67	4.46	2.97
63	4.23	2.87	3.30	3.20	3.30	3.45
64	1.82	2.43	3.03	4.30	4.50	2.99
65	3.03	4.05	3.78	3.55	2.30	3.37
66	1.06	4.04	3.87	2.66	3.91	2.90
67	4.31	3.75	1.23	4.31	4.07	3.60
68	3.36	3.40	3.63	4.20	3.51	3.59
69	3.97	1.92	1.79	4.44	4.41	3.28
70	3.87	4.03	3.54	2.69	2.64	3.46
71	3.50	1.95	4.20	3.45	4.05	3.36

续表

企业编号	F1	F2	F3	F4	F5	S
72	3.91	3.68	2.53	3.94	4.07	3.64
73	4.59	1.74	1.56	3.92	4.09	3.24
74	3.50	4.08	3.59	3.97	3.07	3.66
75	3.83	3.29	2.98	2.98	4.26	3.47
76	2.97	0.68	2.61	4.05	3.22	2.64
77	3.83	0.98	4.24	4.02	4.32	3.39
78	4.37	4.42	2.42	2.80	1.96	3.41
79	3.24	3.75	3.83	4.09	4.04	3.72
80	3.52	3.64	3.86	4.20	2.82	3.63
81	3.37	3.81	3.55	3.05	2.94	3.38
82	3.68	2.63	3.62	2.98	4.27	3.40
83	3.16	3.59	3.91	3.63	4.14	3.61
84	4.21	2.64	4.12	2.94	2.98	3.45
85	2.71	3.93	3.46	4.26	3.53	3.50
86	2.56	4.05	2.78	3.52	3.99	3.30
87	3.20	4.28	3.01	3.04	3.28	3.38
88	3.32	1.38	3.72	3.30	3.05	2.93
89	4.08	3.26	3.80	4.03	4.00	3.83
90	1.23	4.14	3.04	3.59	3.26	2.89
91	3.71	3.84	3.93	2.56	4.11	3.63
92	4.55	2.09	2.82	2.46	2.61	3.06
93	4.55	4.07	0.81	4.24	2.00	3.35
94	4.12	2.81	4.33	1.12	4.13	3.35
95	4.12	2.77	4.16	4.11	0.78	3.35
96	4.16	3.80	2.97	3.83	3.97	3.78
97	3.31	2.60	3.07	4.17	3.10	3.24

续表

企业编号	F1	F2	F3	F4	F5	S
98	3.35	4.02	2.15	3.52	4.24	3.44
99	2.99	4.19	3.78	3.25	2.95	3.43
100	4.13	3.77	3.01	3.84	4.04	3.79
101	3.81	2.89	3.63	4.14	4.12	3.68
102	4.27	2.52	3.53	3.14	4.24	3.56
103	2.77	2.38	4.14	4.29	3.99	3.37
104	3.60	3.53	3.98	4.03	2.21	3.53
105	2.77	4.08	2.98	1.92	3.46	3.04
106	3.81	3.78	3.88	3.90	3.08	3.72
107	4.07	3.19	3.63	3.88	3.16	3.64
108	3.46	1.94	3.94	4.14	3.71	3.37
109	4.17	3.57	1.80	3.81	4.11	3.54
110	4.25	2.98	3.88	4.18	2.52	3.65
111	4.03	3.36	3.51	3.25	2.61	3.45
112	3.10	2.56	4.11	4.00	3.93	3.44
113	4.19	4.04	3.06	3.07	4.03	3.73
114	2.70	2.97	4.01	4.23	4.20	3.48
115	3.26	3.28	3.76	4.29	2.91	3.48
116	3.73	2.50	2.58	3.59	4.35	3.32
117	3.95	2.66	3.23	2.64	2.82	3.15
118	4.81	1.23	3.20	1.72	3.01	2.95
119	3.38	3.55	2.86	2.88	3.09	3.19
120	4.33	3.52	2.40	3.22	3.90	3.55
121	3.39	2.49	2.78	4.33	4.02	3.34
122	4.57	0.59	2.98	4.14	3.51	3.20
123	4.25	3.10	3.32	1.89	4.28	3.42

企业编号	F1	F2	F3	F4	F5	S
124	4.21	3.82	3.34	2.81	4.09	3.71
125	3.77	3.76	3.51	3.88	4.00	3.77
126	3.27	3.65	1.39	3.29	3.74	3.08
127	4.20	2.66	3.57	3.80	2.62	3.46
128	0.87	2.69	4.02	3.31	4.63	2.80
129	4.27	3.45	3.69	3.66	2.55	3.63
130	4.28	3.92	2.64	3.21	3.49	3.61
131	1.59	3.72	2.22	4.39	3.23	2.89
132	2.03	2.08	2.91	2.77	3.51	2.54
133	4.24	2.98	2.86	4.19	3.77	3.65
134	2.49	3.10	3.88	3.51	4.30	3.31
135	4.00	2.43	3.92	4.11	4.13	3.68
136	3.29	4.44	1.63	4.23	2.61	3.31
137	4.33	3.94	3.41	2.87	2.83	3.61
138	4.16	3.09	3.85	3.83	3.70	3.75
139	4.58	1.96	2.58	4.44	2.11	3.28
140	3.39	3.93	3.77	4.08	4.01	3.78
141	2.85	4.04	3.82	3.27	2.98	3.37
142	3.12	4.03	3.59	3.90	4.03	3.67
143	3.92	3.75	3.52	4.06	3.68	3.80
144	4.13	3.92	3.97	2.86	2.53	3.60
145	4.32	3.04	2.91	3.17	4.14	3.56
146	3.68	3.84	3.57	3.88	3.40	3.69
147	3.74	3.73	3.79	4.08	3.70	3.80
148	1.33	4.12	1.69	1.91	4.73	2.59
149	4.17	4.01	3.34	3.05	3.75	3.73

企业编号	F1	F2	F3	F4	F5	S
150	4.33	2.63	2.66	4.30	3.54	3.54
151	3.83	3.95	3.96	2.90	2.55	3.53
152	4.09	3.96	2.95	4.06	3.96	3.83
153	3.35	1.06	3.87	4.56	2.84	3.08
154	4.09	1.62	3.79	4.21	4.22	3.54
155	3.78	2.81	3.77	4.26	2.90	3.52
156	4.08	3.72	3.46	4.01	3.98	3.86
157	4.03	3.67	3.73	4.02	3.95	3.89
158	4.21	4.05	2.54	3.35	4.09	3.71
159	2.87	3.89	3.64	4.19	3.52	3.55
160	4.06	2.88	4.14	2.14	3.61	3.42
161	4.20	3.43	3.04	4.15	3.46	3.71
162	4.16	3.76	3.86	2.74	4.05	3.75
163	4.01	3.15	3.06	4.16	4.10	3.69
164	1.98	3.08	2.95	3.70	4.45	3.05
165	3.24	3.00	2.01	4.52	3.97	3.30
166	4.09	3.49	3.49	4.04	3.99	3.83
167	3.29	3.58	3.86	3.86	4.06	3.67
168	2.73	2.88	1.66	3.01	2.80	2.63
169	3.15	3.48	3.24	3.76	0.98	3.03
170	3.66	3.18	1.98	2.78	0.49	2.64
171	3.35	1.62	3.77	3.28	2.40	2.90
172	2.90	3.59	2.21	3.65	1.93	2.92
173	1.85	1.53	2.19	2.55	2.55	2.07
174	4.20	3.72	1.34	2.49	3.07	3.12
175	4.05	3.36	3.30	2.74	3.31	3.43

续表

企业编号	F1	F2	F3	F4	F5	S
176	1.47	2.86	1.79	1.93	3.38	2.18
177	1.69	2.15	3.60	3.44	3.44	2.69
178	2.98	3.13	3.21	2.64	1.50	2.78
179	3.32	2.96	3.79	2.23	3.79	3.20
180	3.12	2.14	4.04	4.19	2.50	3.17
181	4.61	0.28	1.13	3.20	4.39	2.77
182	3.54	1.43	3.19	3.32	2.99	2.90
183	2.76	3.58	2.59	2.30	2.93	2.85
184	2.60	3.94	1.19	1.49	3.76	2.61
185	4.52	3.43	2.75	2.77	2.66	3.39
186	2.56	3.57	2.57	3.41	2.02	2.85
187	1.73	2.16	2.14	3.33	3.88	2.48
188	2.89	2.20	4.15	3.45	2.64	3.03
189	2.34	3.50	1.85	3.55	2.10	2.68
190	2.89	2.00	3.20	2.18	1.75	2.46
191	2.02	3.27	3.88	2.11	4.54	3.00
192	3.18	3.83	3.81	4.41	1.33	3.38
193	2.00	1.90	3.82	3.39	3.39	2.75
194	3.95	1.70	3.09	2.13	4.55	3.07
195	3.25	2.69	3.22	3.69	2.55	3.10
196	3.62	3.83	2.93	2.41	2.19	3.12
197	4.17	3.77	0.83	4.50	2.95	3.36
198	2.73	4.33	1.28	4.09	3.07	3.10
199	3.08	2.71	4.25	3.29	3.13	3.25
200	2.21	3.27	2.60	3.38	3.06	2.84
201	2.25	3.50	3.55	4.06	4.26	3.36

企业编号	F1	F2	F3	F4	F5	S
202	2.86	3.55	3.98	2.94	2.14	3.12
203	3.73	2.63	2.95	3.15	3.16	3.17
204	1.80	4.10	1.62	4.70	3.42	3.01
205	1.79	2.45	3.87	2.95	2.52	2.62
206	2.95	2.96	2.65	2.93	2.32	2.80
207	4.15	2.05	1.80	3.72	1.97	2.89
208	1.65	3.47	1.74	3.35	3.41	2.61
209	1.76	4.14	4.07	2.18	3.80	3.06
210	3.63	4.23	3.93	3.73	1.55	3.53
211	3.04	3.58	1.28	3.72	4.38	3.15
212	3.55	2.60	2.98	2.31	4.44	3.15
213	3.12	1.60	3.44	3.84	2.97	2.95
214	1.37	4.29	4.21	1.72	3.54	2.88
215	3.26	3.76	3.60	2.23	1.05	2.93
216	3.29	1.85	3.70	3.31	2.65	2.96
217	1.29	4.31	1.16	2.48	4.73	2.62
218	4.02	2.90	3.94	3.32	4.14	3.66
219	3.07	3.26	2.03	4.19	4.02	3.26
220	3.78	3.27	3.11	1.04	4.18	3.12
221	2.03	4.35	3.05	4.23	2.98	3.24
222	3.08	1.73	3.52	2.25	3.68	2.81
223	2.98	2.62	4.04	1.48	2.76	2.80
224	3.44	1.73	1.89	3.39	3.78	2.83
225	3.19	2.08	3.21	2.21	4.00	2.90
226	3.70	3.35	2.76	3.84	3.25	3.41
227	0.23	3.40	3.10	3.06	4.17	2.50

企业编号	F1	F2	F3	F4	F5	S
228	3. 51	3. 47	4. 23	2. 65	1. 73	3. 22
229	3. 35	3. 05	2. 19	3. 85	2. 24	3. 00
230	3. 32	2. 47	2. 21	1. 79	4. 01	2. 77
231	3. 31	3. 55	3. 91	3. 90	3. 83	3. 65
232	4. 20	2. 66	2. 50	3. 49	4. 27	3. 45
233	3. 38	3. 66	3. 70	3. 95	3. 21	3. 57
234	4. 05	3. 63	1. 14	4. 28	2. 65	3. 28
235	4. 09	3. 13	4. 09	2. 45	2. 94	3. 43
236	3. 55	1. 73	2. 81	3. 54	1. 16	2. 68
237	1. 95	1. 81	1. 97	1. 56	1. 97	1. 86
238	3. 31	4. 37	0. 62	3. 14	3. 39	3. 04
239	2. 26	2. 30	2. 59	3. 84	4. 30	2. 90
240	3. 24	3. 11	2. 98	2. 67	3. 48	3. 10
241	1. 90	3. 68	3. 50	3. 46	3. 83	3. 12
242	4. 08	−0. 09	4. 30	4. 10	4. 44	3. 27
243	3. 51	2. 24	0. 99	2. 30	3. 47	2. 56
244	2. 65	3. 61	3. 94	4. 16	4. 14	3. 57
245	3. 49	2. 72	3. 12	1. 90	3. 62	3. 00
246	3. 99	1. 12	4. 53	3. 22	1. 72	3. 01
247	2. 92	2. 94	3. 95	3. 02	3. 74	3. 25
248	3. 43	2. 81	3. 25	4. 30	3. 88	3. 48
249	3. 25	3. 18	2. 11	4. 61	2. 14	3. 11
250	3. 99	2. 69	3. 10	1. 93	3. 20	3. 07
251	3. 37	1. 81	4. 31	1. 64	3. 38	2. 90
252	3. 44	3. 92	4. 01	3. 18	2. 90	3. 52
253	3. 15	3. 46	2. 79	2. 52	2. 84	2. 99

企业编号	F1	F2	F3	F4	F5	S
254	3.07	2.70	3.66	3.86	3.43	3.29
255	3.83	2.71	3.52	1.71	4.50	3.25
256	3.80	3.99	1.55	4.06	4.19	3.54
257	2.16	3.06	2.63	3.61	3.03	2.82
258	2.67	3.52	3.56	3.24	4.35	3.35
259	2.69	0.44	3.92	2.80	4.79	2.75
260	0.80	4.60	4.04	2.41	2.36	2.71
261	3.60	3.40	2.75	3.02	3.98	3.35
262	3.37	3.23	3.50	2.03	3.79	3.19
263	3.13	3.33	0.81	2.36	4.66	2.84
264	3.72	2.00	4.26	2.76	4.06	3.32
265	1.86	4.09	4.21	3.08	3.41	3.20
266	2.57	1.16	3.44	2.66	3.33	2.55
267	1.08	1.36	2.34	4.16	2.16	2.06
268	1.69	3.49	0.98	3.44	2.60	2.39
269	3.19	1.52	2.59	3.58	1.28	2.51
270	2.57	2.82	4.51	2.51	1.73	2.84
271	3.49	2.11	2.64	4.21	3.76	3.20
272	2.38	3.74	3.38	1.74	2.98	2.83
273	1.61	3.70	2.23	4.42	3.19	2.89
274	2.51	2.42	2.74	2.00	2.41	2.43
275	3.29	2.52	2.26	3.31	3.87	3.02
276	3.58	1.97	2.44	4.25	3.48	3.13
277	2.20	2.90	1.75	3.96	2.10	2.57
278	2.14	3.44	3.09	3.62	2.34	2.88
279	4.04	2.28	3.25	3.18	1.93	3.07

企业编号	F1	F2	F3	F4	F5	S
280	2.74	1.74	3.02	3.44	3.10	2.75
281	4.00	2.64	1.20	1.38	3.44	2.66
282	2.94	1.60	3.28	4.34	1.43	2.74
283	1.49	1.43	2.70	4.40	3.26	2.46
284	2.64	1.25	3.03	2.02	3.65	2.44
285	2.35	3.28	1.42	2.79	3.44	2.62
286	3.07	1.26	1.01	4.83	1.65	2.41
287	1.24	3.00	3.08	3.83	2.46	2.58
288	3.72	2.54	1.36	2.00	2.30	2.53
289	1.66	2.65	1.26	1.52	3.14	1.99
290	3.80	2.57	1.53	1.38	3.56	2.66
291	2.23	2.99	2.41	2.14	1.95	2.37
292	3.65	1.92	2.30	3.05	1.57	2.63
293	3.32	2.83	4.16	3.24	3.62	3.39
294	1.70	2.17	3.25	3.90	3.42	2.71
295	2.83	3.21	1.72	2.77	2.77	2.69
296	1.51	1.86	2.01	3.16	3.68	2.28
297	4.60	0.57	3.34	3.13	3.88	3.14
298	1.09	1.93	3.04	2.87	3.75	2.32
299	2.86	1.82	1.83	3.58	2.23	2.48
300	1.71	3.70	2.48	1.36	2.60	2.34
301	4.56	3.44	2.85	1.74	3.31	3.33
302	3.05	3.00	2.25	1.36	3.42	2.65
303	3.91	3.24	3.49	1.24	3.80	3.20
304	4.04	3.58	2.72	1.73	1.60	2.95
305	3.09	4.33	3.50	2.70	1.20	3.09

企业编号	F1	F2	F3	F4	F5	S
306	1.96	1.91	3.63	4.03	4.57	2.98
307	4.41	3.82	1.34	4.18	1.98	3.34
308	3.92	3.95	2.80	1.17	2.27	3.00
309	4.49	2.04	3.59	3.25	3.03	3.37
310	3.12	2.61	2.36	2.25	2.19	2.59
311	3.56	2.35	4.46	1.54	3.57	3.11
312	2.07	1.41	3.12	2.39	2.70	2.26
313	1.68	2.17	2.09	1.47	3.71	2.11
314	1.82	2.96	4.23	3.04	2.72	2.84
315	3.76	0.59	3.44	3.18	4.56	3.03
316	2.59	1.51	1.24	4.12	3.63	2.53
317	4.52	1.65	2.25	3.27	3.13	3.07
318	3.58	2.91	4.32	3.21	0.89	3.12
319	1.72	1.76	3.48	4.19	1.35	2.43
320	3.49	3.57	1.08	1.88	2.78	2.69
321	3.13	3.05	2.72	3.81	2.18	3.02
322	3.45	2.47	3.28	2.91	3.21	3.08
323	1.97	1.53	2.71	3.66	2.60	2.40
324	2.34	2.86	2.00	4.75	2.63	2.86
325	1.83	1.39	4.11	3.64	3.75	2.74
326	2.53	2.01	3.88	4.35	2.61	2.99
327	4.70	0.37	1.36	2.50	3.31	2.58
328	3.05	3.79	2.96	2.43	3.15	3.10
329	3.36	2.61	0.92	3.83	4.22	2.96
330	2.64	1.99	1.53	3.12	3.55	2.51
331	2.51	3.92	2.23	2.23	3.93	2.92

企业编号	F1	F2	F3	F4	F5	S
332	2.35	3.08	3.01	3.24	4.14	3.04
333	1.12	2.27	2.64	2.87	2.11	2.09
334	4.10	3.10	1.80	3.12	3.77	3.25
335	2.32	0.60	1.54	3.87	3.12	2.19
336	3.56	3.87	1.37	3.33	3.08	3.12
337	4.18	2.67	2.90	2.30	1.42	2.90
338	2.17	4.02	3.17	4.06	2.20	3.09
339	3.23	2.86	1.13	3.84	1.80	2.68
340	3.96	2.55	4.17	0.47	1.24	2.69
341	1.32	3.24	3.57	2.33	4.11	2.72
342	4.12	1.66	2.99	1.74	3.71	2.91
343	3.68	2.91	1.14	2.50	2.40	2.67
344	1.63	3.84	1.67	1.31	3.87	2.38
345	1.11	2.03	3.04	3.48	2.70	2.30
346	3.19	2.22	3.28	2.35	2.44	2.74
347	1.95	1.59	3.91	1.08	4.35	2.41
348	2.25	3.63	3.20	2.61	2.08	2.76
349	3.56	2.97	2.45	2.09	2.12	2.77
350	2.83	0.54	3.23	4.69	3.47	2.82
351	3.25	2.23	1.64	1.94	1.67	2.28
352	4.48	2.51	2.86	2.57	3.98	3.35
353	1.99	2.42	4.13	3.49	2.04	2.74
354	3.63	2.27	4.38	2.69	1.90	3.06
355	3.21	2.21	2.80	3.82	3.52	3.07
356	3.98	3.23	1.43	4.20	3.65	3.35
357	4.04	2.90	2.76	3.79	3.32	3.41

企业编号	F1	F2	F3	F4	F5	S
358	3.45	3.20	2.89	2.57	4.32	3.26
359	1.98	4.05	3.85	3.27	3.97	3.28
360	4.87	1.83	2.38	3.42	0.71	2.91
361	3.79	1.58	4.11	3.37	3.23	3.22
362	2.07	1.39	2.44	1.80	2.84	2.05
363	2.98	1.59	2.56	2.94	3.51	2.67
364	2.20	1.16	3.36	2.95	2.05	2.29
365	4.36	1.94	1.03	1.38	3.85	2.64
366	2.31	1.76	2.85	3.02	3.82	2.63
367	1.03	1.14	4.17	4.62	1.29	2.29
368	3.89	3.57	1.97	3.37	1.22	3.00
369	3.02	0.27	4.19	3.12	3.81	2.77
370	1.25	3.48	2.01	4.74	3.86	2.86
371	4.22	1.97	1.18	4.41	2.86	3.03
372	1.95	3.71	3.79	2.36	4.43	3.09
373	2.00	3.17	1.74	2.14	4.78	2.63
374	2.32	2.14	3.12	4.19	2.97	2.85
375	4.37	1.30	1.05	3.22	4.00	2.85
376	3.15	3.91	1.87	3.29	2.82	3.06
377	2.31	1.86	3.98	3.13	1.82	2.59
378	4.17	3.27	2.28	3.36	2.98	3.32

企业环境行为评分结果汇总

企业编号	F1	F2	F3	F4	F
1	3.88	2.80	3.03	−0.13	2.75
2	3.96	2.40	2.57	2.74	2.98
3	3.19	3.75	3.61	1.38	3.18
4	1.87	1.25	3.46	3.37	2.36
5	3.81	2.87	4.64	2.22	3.54
6	4.04	1.92	1.85	3.40	2.79
7	2.91	2.88	3.48	2.78	3.03
8	2.60	3.00	3.79	1.06	2.79
9	2.66	2.55	3.59	2.96	2.92
10	3.16	4.45	2.13	2.68	3.16
11	2.38	2.76	4.28	3.96	3.23
12	3.23	3.78	3.45	1.48	3.17
13	3.56	1.79	2.79	4.02	2.95
14	2.98	4.36	3.31	2.54	3.37
15	4.88	0.84	4.69	2.36	3.36
16	2.37	2.81	3.92	2.88	2.98
17	4.11	1.13	4.07	2.63	3.08
18	3.95	3.42	4.41	2.76	3.75
19	3.85	4.31	2.38	2.57	3.38

企业编号	F1	F2	F3	F4	F
20	3.29	4.28	3.68	1.87	3.44
21	2.89	1.56	3.38	1.12	2.39
22	4.34	3.28	4.31	3.38	3.90
23	3.69	3.86	4.21	2.22	3.65
24	3.25	4.34	4.67	0.60	3.52
25	4.31	3.86	2.70	3.12	3.58
26	2.25	3.51	4.26	2.07	3.10
27	4.57	4.45	4.24	0.32	3.80
28	3.71	3.55	3.55	3.11	3.53
29	3.87	4.08	4.39	2.24	3.82
30	3.33	4.27	4.05	1.29	3.46
31	2.87	3.79	5.01	0.03	3.26
32	3.10	3.25	2.02	4.07	3.00
33	3.91	2.50	2.43	2.86	2.97
34	4.39	1.65	2.69	3.82	3.11
35	3.35	3.58	3.48	3.76	3.51
36	3.35	3.71	3.71	1.91	3.33
37	3.37	1.00	2.78	3.06	2.53
38	4.25	3.70	3.10	3.52	3.68
39	3.41	3.37	3.75	1.95	3.27
40	4.00	4.50	3.24	2.22	3.66
41	1.59	3.82	2.80	2.55	2.66
42	2.92	4.28	2.86	1.58	3.07
43	2.79	3.20	4.57	3.69	3.51
44	2.87	2.11	4.53	2.74	3.09
45	3.10	2.37	4.00	3.38	3.19

企业编号	F1	F2	F3	F4	F
46	3.70	4.31	4.03	3.40	3.91
47	−0.09	4.81	4.05	3.09	2.82
48	3.82	3.39	4.07	3.60	3.74
49	4.70	4.05	2.73	0.13	3.30
50	2.57	4.74	1.64	1.81	2.79
51	2.93	4.06	4.48	3.52	3.74
52	4.07	4.42	1.04	2.72	3.15
53	2.71	3.37	4.05	3.12	3.31
54	2.48	3.68	1.48	3.86	2.74
55	2.21	3.55	4.28	2.14	3.11
56	4.49	3.65	4.16	2.17	3.82
57	3.18	0.72	4.78	3.92	3.06
58	1.63	3.64	2.62	1.37	2.40
59	2.43	3.01	4.89	2.52	3.26
60	4.08	3.94	4.05	3.25	3.91
61	3.96	3.80	3.51	2.92	3.64
62	4.09	3.77	3.82	−0.01	3.31
63	2.36	4.78	3.43	2.52	3.32
64	4.56	2.60	4.32	1.11	3.44
65	3.44	3.82	3.91	2.91	3.59
66	4.23	2.68	4.44	3.34	3.73
67	4.27	3.07	3.44	3.61	3.63
68	4.84	3.91	2.20	1.92	3.44
69	4.30	1.85	3.26	1.52	2.94
70	4.90	1.55	4.30	1.83	3.37
71	4.19	3.42	4.49	2.19	3.76

企业编号	F1	F2	F3	F4	F
72	3.43	4.30	4.38	3.39	3.91
73	2.94	3.34	4.39	2.52	3.37
74	3.74	3.99	3.43	1.28	3.35
75	3.62	2.94	4.04	2.46	3.37
76	3.33	2.18	2.90	3.37	2.91
77	4.80	0.80	4.00	3.69	3.34
78	3.13	2.74	4.67	3.67	3.52
79	4.31	3.81	3.45	2.36	3.65
80	4.04	4.01	4.31	2.78	3.91
81	1.85	3.83	4.47	2.63	3.20
82	3.89	3.42	3.78	3.52	3.68
83	4.50	3.32	4.51	2.10	3.82
84	2.14	3.37	4.13	3.44	3.20
85	4.21	3.80	4.11	2.15	3.76
86	4.39	4.55	3.27	1.05	3.62
87	3.55	3.79	4.39	2.98	3.75
88	3.19	3.63	3.65	3.10	3.42
89	4.34	4.44	2.86	2.27	3.66
90	4.54	4.11	2.71	2.91	3.69
91	3.73	3.66	4.20	0.58	3.36
92	3.80	2.36	3.52	2.53	3.14
93	4.20	1.86	2.27	3.50	2.95
94	4.08	4.36	3.35	3.36	3.85
95	4.36	4.47	2.51	2.40	3.60
96	4.34	3.56	4.33	3.25	3.96
97	1.03	2.44	3.39	4.44	2.56

企业编号	F1	F2	F3	F4	F
98	4.06	3.63	4.09	3.42	3.85
99	4.05	3.82	3.52	2.42	3.60
100	4.53	4.16	1.09	1.61	3.07
101	3.20	1.56	3.07	4.27	2.89
102	4.38	2.63	2.72	2.61	3.20
103	4.25	3.87	4.16	1.58	3.72
104	3.96	4.44	3.51	2.24	3.71
105	3.60	3.23	3.53	0.85	3.06
106	3.35	4.08	2.67	2.66	3.26
107	4.59	3.80	3.15	2.33	3.65
108	1.82	3.86	1.75	2.79	2.50
109	2.24	3.28	4.63	3.85	3.40
110	4.24	3.07	3.77	3.44	3.68
111	3.57	2.84	3.96	3.15	3.41
112	4.20	4.37	3.81	2.12	3.82
113	4.53	3.05	4.46	2.18	3.76
114	1.80	4.79	3.81	2.64	3.27
115	3.34	3.52	1.89	2.83	2.92
116	4.30	4.11	3.19	2.33	3.65
117	4.14	3.58	3.21	2.44	3.48
118	2.42	2.22	4.31	2.79	2.93
119	2.87	4.75	3.54	0.87	3.25
120	3.69	3.88	4.33	1.71	3.61
121	4.40	3.70	3.99	2.79	3.86
122	4.10	2.53	3.04	0.89	2.90
123	4.02	3.34	2.71	2.57	3.26

续表

企业编号	F1	F2	F3	F4	F
124	4.36	3.62	4.44	2.63	3.92
125	1.60	3.55	4.21	3.31	3.08
126	4.11	3.44	4.30	1.68	3.61
127	3.82	3.21	3.97	2.44	3.49
128	3.84	4.57	2.99	1.77	3.49
129	3.72	4.53	3.63	1.74	3.61
130	3.50	2.76	3.21	2.58	3.08
131	4.60	2.16	2.00	2.76	2.97
132	1.40	2.05	2.91	2.85	2.20
133	3.46	2.87	3.67	0.89	2.97
134	4.74	2.89	3.17	2.44	3.47
135	3.48	2.50	4.20	3.79	3.45
136	4.40	1.88	3.24	1.01	2.89
137	3.87	3.94	3.27	1.95	3.44
138	4.43	3.31	4.35	2.80	3.86
139	2.59	1.54	4.33	4.04	2.99
140	4.45	3.40	2.46	1.38	3.17
141	3.51	4.02	4.14	3.36	3.79
142	2.70	2.92	3.89	2.11	2.99
143	4.19	3.99	3.71	2.90	3.81
144	3.33	2.33	4.70	2.53	3.31
145	3.90	3.34	4.14	3.44	3.74
146	4.07	3.65	4.30	3.29	3.90
147	4.03	4.29	4.36	2.64	3.98
148	5.00	3.38	1.04	2.62	3.14
149	3.86	2.52	4.65	2.29	3.47

续表

企业编号	F1	F2	F3	F4	F
150	4.40	2.97	4.35	3.36	3.84
151	2.58	4.65	3.35	3.10	3.42
152	3.44	3.59	3.19	3.73	3.45
153	3.79	2.87	3.99	2.92	3.46
154	4.22	3.28	4.49	2.69	3.81
155	4.50	3.32	4.51	2.10	3.82
156	3.98	4.23	4.30	3.23	4.02
157	4.27	4.26	4.32	2.64	4.03
158	4.39	4.31	4.07	2.09	3.93
159	2.65	4.50	4.20	3.50	3.69
160	4.34	4.18	3.48	1.70	3.66
161	4.44	3.64	4.49	2.05	3.87
162	3.88	4.12	4.19	2.14	3.76
163	3.64	3.01	3.44	2.60	3.26
164	4.51	4.04	3.09	2.86	3.75
165	3.49	3.49	1.84	3.35	3.03
166	4.51	1.11	2.91	3.46	3.01
167	4.31	3.55	4.35	3.30	3.96
168	3.96	1.87	3.58	1.59	2.94
169	3.20	0.98	3.63	2.98	2.68
170	2.60	2.36	3.79	1.71	2.72
171	0.87	4.07	4.18	2.31	2.84
172	1.43	4.50	4.76	2.59	3.32
173	1.83	2.67	2.33	2.59	2.31
174	3.28	3.99	4.44	1.10	3.45
175	1.89	2.34	5.10	1.65	2.83

续表

企业编号	F1	F2	F3	F4	F
176	2.55	1.98	3.23	1.31	2.39
177	2.77	1.62	1.85	0.37	1.85
178	2.72	1.73	3.05	0.70	2.23
179	3.17	3.43	3.51	2.05	3.16
180	3.29	2.90	1.59	2.06	2.54
181	3.36	0.78	2.68	3.22	2.46
182	3.69	1.58	3.20	2.79	2.85
183	4.88	0.83	2.56	−0.09	2.41
184	2.91	0.82	3.98	1.28	2.39
185	3.42	3.23	2.27	2.22	2.88
186	1.58	2.15	2.42	2.14	2.04
187	1.98	1.90	2.56	3.22	2.30
188	3.24	1.02	3.72	2.41	2.64
189	3.27	4.27	1.41	2.89	2.98
190	1.71	1.73	3.39	2.04	2.21
191	4.33	4.47	2.16	3.00	3.58
192	2.23	4.21	4.20	1.47	3.17
193	2.10	2.31	2.75	1.44	2.23
194	2.92	2.06	2.68	3.02	2.64
195	2.77	4.40	2.18	1.74	2.89
196	1.48	2.85	3.86	1.95	2.56
197	3.25	3.12	3.57	1.94	3.10
198	3.18	3.43	2.44	3.38	3.08
199	4.63	3.93	3.06	0.60	3.41
200	2.44	1.68	3.19	4.27	2.72
201	4.15	3.09	2.52	2.04	3.11

企业编号	F1	F2	F3	F4	F
202	4.12	3.81	3.31	2.33	3.54
203	4.14	1.39	2.86	0.58	2.51
204	0.95	3.60	3.07	2.05	2.40
205	4.10	2.36	3.07	2.72	3.14
206	4.75	4.15	0.60	2.22	3.09
207	1.56	2.83	3.26	3.70	2.68
208	2.75	1.64	2.01	2.13	2.16
209	4.24	2.65	2.96	3.08	3.29
210	0.70	4.47	2.36	3.86	2.64
211	1.90	3.82	2.80	2.37	2.73
212	4.67	1.11	1.70	0.56	2.29
213	2.59	3.61	3.95	3.75	3.41
214	3.27	1.38	3.29	2.44	2.64
215	2.31	2.71	4.40	1.09	2.79
216	2.67	3.57	2.80	2.88	2.98
217	2.64	3.03	4.45	3.10	3.30
218	3.94	2.61	3.95	2.48	3.36
219	3.69	2.86	4.48	3.02	3.58
220	3.11	3.02	4.48	1.94	3.27
221	3.53	3.16	2.47	2.79	3.04
222	0.99	1.94	5.44	1.18	2.46
223	3.76	2.82	3.91	3.54	3.51
224	3.42	3.66	3.50	1.91	3.28
225	4.89	0.45	4.65	3.00	3.35
226	3.60	3.02	3.65	2.60	3.31
227	2.34	3.07	3.21	1.69	2.67

企业编号	F1	F2	F3	F4	F
228	2.42	2.77	4.80	2.73	3.20
229	3.77	2.11	3.71	2.67	3.14
230	2.17	2.84	4.02	0.47	2.59
231	3.63	3.68	4.49	2.83	3.75
232	3.85	3.74	4.39	2.80	3.80
233	0.67	4.55	3.91	3.96	3.08
234	3.25	3.58	3.04	3.69	3.35
235	1.37	4.47	4.42	3.27	3.31
236	2.18	2.80	4.65	−0.14	2.66
237	1.52	2.55	2.19	4.02	2.36
238	2.30	1.16	3.55	2.59	2.37
239	3.26	3.67	4.74	1.18	3.45
240	5.06	2.68	1.66	2.62	3.14
241	2.98	4.24	4.25	2.89	3.64
242	2.87	3.27	3.94	3.75	3.40
243	2.63	0.85	1.23	1.93	1.67
244	3.18	2.90	4.63	3.05	3.47
245	3.44	1.56	4.37	1.47	2.88
246	3.10	2.44	2.40	1.88	2.55
247	4.50	2.53	3.88	2.34	3.47
248	3.73	4.27	3.18	2.47	3.54
249	3.05	4.52	3.21	3.63	3.58
250	4.55	1.39	2.68	3.32	3.01
251	2.77	0.61	4.90	3.02	2.80
252	4.39	3.91	3.65	3.37	3.91
253	4.00	2.20	2.57	2.34	2.88

企业编号	F1	F2	F3	F4	F
254	4.27	2.04	3.60	2.65	3.24
255	1.79	1.16	4.86	2.43	2.54
256	2.20	3.73	3.44	1.21	2.79
257	3.64	1.57	3.03	2.25	2.71
258	4.67	2.40	3.87	2.88	3.58
259	2.76	2.43	4.21	3.30	3.14
260	4.05	1.14	3.62	2.21	2.87
261	4.23	3.21	3.07	2.44	3.37
262	2.98	2.41	3.72	3.90	3.17
263	3.83	3.55	3.24	3.01	3.47
264	3.51	3.22	3.26	3.75	3.40
265	1.02	1.68	5.06	1.42	2.34
266	2.27	1.70	3.98	3.05	2.69
267	2.83	1.38	2.92	0.91	2.17
268	2.75	3.32	2.88	2.33	2.87
269	3.67	2.74	3.10	−0.05	2.70
270	3.56	1.12	4.10	3.34	3.01
271	3.83	1.39	2.23	1.77	2.43
272	4.49	2.88	3.31	2.38	3.42
273	3.73	1.84	1.00	3.18	2.41
274	1.84	0.68	1.92	2.52	1.65
275	3.53	3.87	1.75	2.80	3.03
276	2.82	1.99	3.01	3.44	2.74
277	1.43	3.92	1.49	3.78	2.47
278	3.36	3.08	3.66	2.62	3.25
279	3.83	0.54	4.03	2.23	2.76

企业编号	F1	F2	F3	F4	F
280	2.09	2.79	2.39	0.96	2.19
281	3.19	3.77	1.99	1.27	2.73
282	3.23	3.87	3.56	0.85	3.13
283	1.71	3.18	2.74	3.08	2.59
284	2.07	1.67	3.06	2.02	2.22
285	2.83	3.67	1.17	3.73	2.75
286	2.38	1.70	1.81	3.00	2.14
287	1.28	3.34	3.60	1.29	2.46
288	1.69	2.04	2.17	2.24	2.00
289	2.48	1.39	3.37	0.88	2.18
290	1.66	3.82	2.32	0.89	2.30
291	3.93	1.30	2.98	1.88	2.66
292	3.22	2.84	3.13	2.79	3.03
293	3.98	2.57	3.76	2.50	3.32
294	3.87	2.97	3.91	2.44	3.42
295	2.70	4.97	3.04	0.33	3.04
296	2.78	0.67	4.66	2.97	2.74
297	2.64	3.39	3.04	1.23	2.73
298	2.83	2.61	2.42	0.17	2.26
299	2.29	1.70	3.47	0.28	2.14
300	2.19	1.45	3.00	1.59	2.12
301	4.00	2.59	4.73	1.19	3.39
302	3.30	1.80	2.36	2.56	2.53
303	3.43	3.09	4.68	2.88	3.59
304	0.77	3.98	3.59	4.14	2.90
305	3.07	3.54	3.66	0.88	3.02

续表

企业编号	F1	F2	F3	F4	F
306	3.41	3.71	2.83	2.57	3.21
307	2.13	1.14	3.83	1.87	2.28
308	2.72	1.77	2.94	3.08	2.58
309	2.70	4.37	1.54	2.96	2.88
310	4.17	1.56	3.71	0.84	2.84
311	2.75	2.30	4.79	3.21	3.24
312	2.40	3.07	0.61	2.74	2.15
313	2.93	3.40	1.28	0.89	2.30
314	2.37	3.39	4.78	2.57	3.32
315	2.74	2.99	4.37	0.88	2.96
316	1.27	1.85	4.00	2.70	2.38
317	2.59	1.84	2.95	1.91	2.38
318	3.86	3.16	3.14	1.47	3.12
319	1.89	2.14	2.56	1.46	2.07
320	1.57	4.43	2.65	2.51	2.77
321	2.59	2.02	3.75	2.32	2.71
322	3.39	3.39	4.11	1.40	3.28
323	1.85	3.72	2.96	0.66	2.47
324	1.72	3.60	4.33	2.21	3.00
325	1.99	3.41	1.77	3.73	2.57
326	1.87	2.97	3.72	2.89	2.81
327	3.87	2.98	1.29	2.36	2.71
328	2.51	2.95	4.47	0.89	2.91
329	2.05	3.36	2.30	0.94	2.30
330	2.90	2.90	1.86	1.43	2.40
331	3.07	3.82	2.98	1.51	3.01

续表

企业编号	F1	F2	F3	F4	F
332	2.89	2.61	4.55	3.82	3.40
333	3.36	3.26	2.52	2.18	2.93
334	2.66	4.80	2.25	−0.01	2.72
335	1.64	2.22	2.74	1.13	2.01
336	2.85	3.12	3.85	2.56	3.14
337	2.11	1.94	2.98	−0.27	1.94
338	2.31	1.32	4.04	3.14	2.63
339	0.39	3.70	1.83	1.90	1.90
340	4.12	2.07	3.08	−0.19	2.64
341	4.91	2.41	1.50	2.60	2.97
342	3.57	1.27	1.70	4.31	2.56
343	1.46	3.67	1.74	2.07	2.22
344	1.42	3.45	2.29	1.65	2.23
345	1.78	4.62	2.37	2.93	2.87
346	3.01	1.64	3.42	2.37	2.65
347	4.25	0.67	3.70	1.16	2.67
348	2.38	3.66	3.60	1.73	2.95
349	3.28	3.36	2.32	1.23	2.73
350	3.87	2.93	3.47	−0.30	2.87
351	1.73	2.00	2.04	3.41	2.14
352	3.53	3.55	2.88	3.81	3.41
353	3.08	3.42	3.07	3.23	3.19
354	4.75	3.20	1.85	3.68	3.39
355	2.64	2.81	4.69	1.53	3.07
356	3.42	4.04	4.06	0.74	3.35
357	4.68	3.49	3.14	2.33	3.59

企业编号	F1	F2	F3	F4	F
358	3.60	4.40	4.19	2.25	3.77
359	4.01	3.51	3.52	2.92	3.58
360	3.84	2.28	2.68	1.65	2.77
361	2.62	3.53	2.92	2.86	2.98
362	2.80	0.87	2.16	1.06	1.84
363	4.74	1.41	2.55	3.42	3.06
364	3.25	1.51	3.73	1.30	2.61
365	2.74	3.63	2.21	2.97	2.87
366	3.38	4.02	2.30	3.29	3.25
367	1.98	2.81	2.32	2.57	2.39
368	3.32	3.81	4.37	−0.45	3.16
369	4.02	1.15	2.38	1.85	2.48
370	2.95	3.33	3.34	3.79	3.29
371	3.50	2.16	2.10	1.38	2.44
372	4.50	4.35	2.39	3.49	3.74
373	4.25	3.30	2.87	2.56	3.37
374	2.25	3.26	1.97	1.58	2.34
375	3.33	2.64	1.79	2.48	2.60
376	3.01	2.92	2.38	0.05	2.37
377	3.17	3.52	2.14	3.44	3.03
378	4.54	2.30	0.59	2.94	2.64

中 篇

京津冀企业环境价值观的影响因素

提要

环境价值观是决定企业环境行为的内在决定因素，在上篇"京津冀企业环境价值观问卷调查"研究的基础上，本篇通过问卷调查的方式获取了315个京津冀地区的有效样本，利用因子分析的方法对样本企业的环境行为进行评分，并对京津冀企业环境行为驱动因素进行了回归检验，以探索京津冀企业环境价值观形成过程中的主要影响因素。评分结果显示：分地区来看，河北省的企业环境行为得分较高，说明该地区企业对于自身的环境行为更为关注；从企业性质来看，股份制企业和国有或集体企业的环境行为明显好于其他类型企业，说明这两类企业在践行政府生态文明政策方面做得更为突出；此外，规模大、存续时间久的企业表现出了更好的企业环境行为。通过回归分析，得出京津冀企业环境行为的主要驱动因素，也是京津冀企业环境价值观形成过程中的主要影响因素包括：环境规制、财务状况、企业雇员环保意识和利益相关者态度。其中，环境规制会给企业带来外部压力，促使其改善环境行为；财务状况更好的企业会更多地关注长远发展，进而选择加强对自身的环境管理；企业雇员具备更高的环保意识会更利于开展改善环境行为的工作；利益相关者对于环境保护的关注也会在一定程度上对企业环境行为的改善起到积极的作用。从数据分析和回归检验的结果看，优化京津冀企业的环境行为可从三个方面入手：加强政府环境管制，约束企业的环境行为；提升企业环境管理认知，自觉履行社会责任；利用区域优势推进京津冀环境协同治理。

绪　论

1.1 研究背景与意义

随着工业化进程不断推进、社会经济飞速发展，环境保护已经成为当今社会的重大现实问题之一。生态环境是经济发展的根本基础，为确保京津冀一体化的有序进行，要切实加强京津冀地区的生态环境建设。然而，环境问题并不是单纯的技术问题，而是复杂多变的社会条件与各方利益相冲突作用后产生的结果。因此，加强对京津冀地区企业环境行为驱动因素的研究可以更好地改善企业环境行为，进一步推进京津冀一体化进程的发展。

1.1.1 研究背景

随着经济的飞速发展，我国的环境问题日益突出，在经济发展的同时，也给我们赖以生存的自然环境带来了严重的破坏。我国经济的发展速度愈来愈快，正逐渐缩短与发达国家之间的差距。然而，在着眼于经济发展的同时，在环境治理方面却没有做到与之相匹配的提升，导致了一系列环境问题的产生。因此，如何使经济发展与环境保护共同提升就成为了企业的一项长远战略。

我国在改革开放早期，以粗放、高速的模式发展，着眼于不断提升经济效益，给生态和环境带来了不小的压力。2013 年以后，雾霾天气在我国大部分省市突然爆发，京津冀地区尤为严重，给企业的生产、民众的生活都带来了巨大的威胁与危害。根据环保部的数据，2016 年仅北京地区就发布环境预警 17 次，共分布 36 天，空气质量达标天气比例仅为 54.1%，各区空气中

PM2.5 年均浓度均未达到国家标准，也就是说北京地区居民一年中有一个多月的时间都生活在污染的环境当中[1]。

20 世纪 70 年代，我国的环保事业开始起步，逐步形成了"预防为主，防治结合；谁污染，谁治理；强化环境管理"的三大政策。到二十一世纪初，随着《中华人民共和国清洁生产促进法》《中华人民共和国环境影响评价法》《中华人民共和国水污染防治法》等相关法律法规的陆续出台，我国加强了对环境保护的重视，环保进程全面推进。近年来，党中央集中力量推进节能减排，提出低碳经济，通过各种手段缓解环境压力。环境问题如今成为了学术界研究的热点，环境行为作为企业与环境之间的纽带，也成为学者所关注的焦点。传统的观点认为，强化企业环境行为会增加企业的成本负担，降低企业利润，导致企业的效益下滑，与企业利润最大化的目标相违背。然而，近期的研究则表明，合理、有效的环境行为可以帮助企业规避因破坏环境带来的罚金，也可以通过生产绿色产品来提升企业的声誉，反而能够在一定程度上提升企业的竞争力。如果可以明确企业环境行为的驱动因素，并对其加以改善和利用，一定会使企业在环境与效益之间实现双赢。

1.1.2 研究意义

京津冀地区的污染问题已经成为我国的热点问题，如何更快、更好地缓解环境压力、改善环境质量已经成为"十三五"的一项重要任务。而企业作为污染物的主要排放者，对于该地区环境质量的好坏，起着举足轻重的作用。因此，想要提升环境质量、改善环境问题，就要从企业的角度找到促使其实施环境行为的因素，监督提升其环境行为。

理论意义：本篇将京津冀地区的企业环境行为作为研究对象，有针对性地进行调查和研究，弥补了以往对企业环境行为分析较为笼统的不足。通过对该地区的企业环境行为进行分析，结合经济学、管理学等理论知识，探究影响京津冀地区企业环境行为的驱动因素，对促使企业实施环境行为的因素加以强化、对抑制企业实施企业环境行为的因素加以控制，以达到改善京津冀地区环境状况的目的。同时，加强对京津冀地区企业环境行为驱动因素的分析，可以帮助完善该地区企业环境行为评价体系的构建，为进一步的研究

---

[1] 数据来源于 2016 年北京市环境状况公报。

提供理论参考依据。

现实意义：随着京津冀一体化的持续推进，在疏解北京非首都功能、进行产业结构转型的过程中，环境问题已经是一个无法回避的重大现实问题。一方面，对京津冀企业环境行为驱动因素的实证检验，有助于企业丰富其环境行为，进一步完善环境制度，引导企业实施积极环境行为。另一方面，可以依据研究结果制定更具针对性的环境行为监管政策，提高京津冀一体化中环境监管的效率与效果，帮助公众、债权人等利益相关者深入了解企业环境行为实施情况，进行环保评估，从而做出合理决策，对于建设社会主义生态文明具有重要的应用价值。

1.2 研究内容与方法

1.2.1 研究内容

本篇以企业环境行为为研究对象，通过对相关的基础理论进行学习和对现有的相关文献进行归纳、梳理，探究企业环境行为驱动因素，并针对京津冀地区企业进行问卷调查，评价其环境行为实施情况，对企业环境行为驱动因素进行实证分析，提出主要驱动因素。最后针对各地区特点，从企业与政府的角度提出相应改进建议。全文共分为五章，各章主要研究内容如下：

第1章，绪论。本章介绍了本论文的研究背景、研究的目的和意义，确定研究内容与方法，梳理国内外有关企业环境行为的研究现状并提出本篇的技术路线和可能发现的创新点、可能存在的难点。

第2章，论述企业环境行为基本理论。本章界定了企业环境行为的概念与内涵，阐述了企业环境行为驱动因素研究中所涉及的理论基础。

第3章，介绍京津冀三地区目前企业环境行为现状。本章对三地区目前的环境状况进行梳理，并对当前京津冀地区环境现状、已实施的环境法规政策、企业环境行为披露情况进行分析和总结，为后续调查问卷的编制与分析奠定基础。

第4章，对京津冀地区企业环境行为驱动因素进行实证分析。本章在前文所述相关理论分析的基础上，提出假设，建立京津冀企业环境行为驱动因素的概念模型。编制京津冀地区企业环境行为驱动因素调查问卷，得出各地区企业环境行为实施状况，在对问卷进行信度、效度检验后，对调查结果进行相关性分析与回归研究，对此进行评价，得出影响京津冀企业环境行为的驱动因素。

第5章，研究结论与建议。本章运用对比分析法对京津冀三地区企业环境行为的驱动因素进行分析，得出影响各地具有特色的驱动因素，并针对三地各自的实际情况与特点提出政策建议。总结本研究的成果，讨论结果的影响及意义并分析研究中的不足之处。

1.2.2 研究方法

常用的研究方法通常有规范研究法和实证研究法，本篇采用将两者相结合的方法开展研究。

（1）文献研究法。本篇通过对国内外学者的相关研究文献进行阅读、梳理，分析企业环境行为的驱动力，为后续结合京津冀地区特点的企业环境行为驱动因素进行研究奠定基础。

（2）对比分析法。通过对京津冀地区企业环境行为实施现状的调查结果进行分析，得出京津冀地区企业环境行为实施现状，分析京、津、冀三地各自的地区特点，对比分析差异与问题，进而得出影响京津冀地区企业实施企业环境行为的驱动因素，据此提出相应的改进建议。

（3）问卷调查法。本研究选取京津冀三地区企业雇员作为调查对象，采取问卷调查的方式获取相关信息。问卷包括了企业基本情况、企业环境行为影响因素以及企业环境行为的实施情况等问题，回收后针对问卷结果进行详细的分析。

（4）实证研究法。在对国内外相关文献阅读的基础上，梳理京津冀地区企业环境行为，分析得出京津冀企业环境行为的驱动因素。构建影响京津冀企业环境行为驱动因素的概念模型并进行回归分析，最后根据实证研究结果提出相关政策建议。

1.3 技术路线与创新

1.3.1 技术路线

本篇首先交代了研究背景与意义、研究内容及方法，同时对国内外相关文献进行梳理，提出本篇研究的创新点。其次，对企业环境行为的概念进行界定，并阐述了研究所依据的理论基础。再次，对京津冀地区的环境行为现状进行介绍，分别从环境背景、法律规制及环境信息披露情况展开。从次，进行京津冀地区企业环境行为驱动因素调查，通过问卷的形式获取相应的样本数据，进而运用统计学方法对提出的假设进行验证，得出京津冀企业环境行为主要驱动因素。最后，针对实证检验结果分别从政府、企业及区域协同治理的角度提出政策建议。

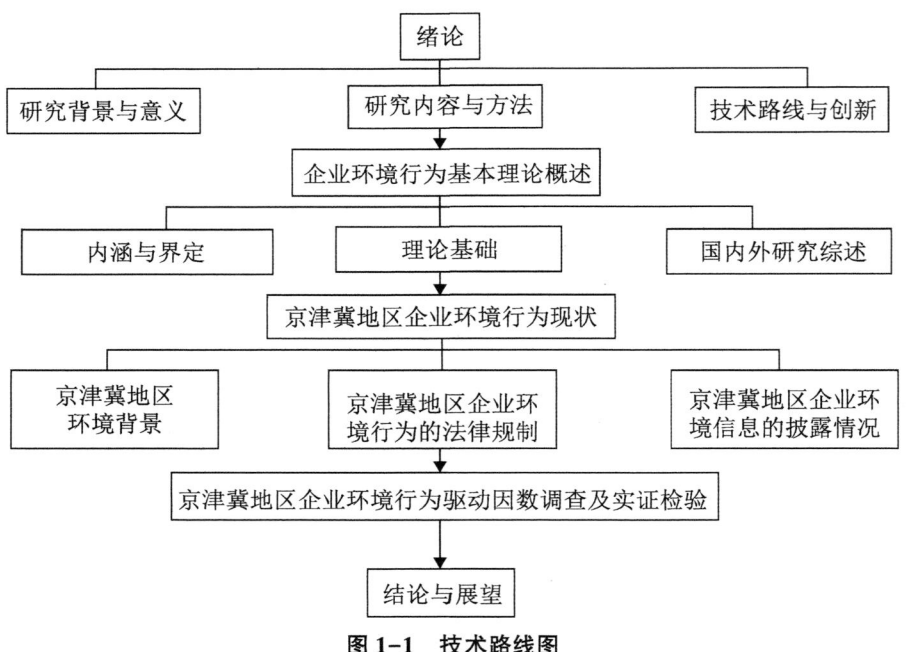

图 1-1　技术路线图

1.3.2 研究创新

（1）对企业环境行为的驱动因素模型进行了新的改进。本篇在现有研究的基础上结合京津冀地区企业的特征，选取环保投资、环保运营等一些可衡量指标进行模型的构建。

（2）研究的针对性强。本篇在对京津冀企业环境行为进行评价的基础上，通过对京津冀地区企业环境行为的驱动因素进行识别和深入分析，结合区域特点有针对性地提出优化京津冀企业环境行为的建议，对于京津冀一体化发展过程中的环境保护、生态文明建设具有现实的指导意义。

企业环境行为理论基础与文献回顾

2.1 企业环境行为的内涵与界定

改革开放后，我国经济飞速发展并取得了一系列的成就，然而，在快速发展的同时却累积了很多环境问题，成为今后发展的短板，如何在发展经济的同时减少对环境的污染成为了政府部门工作的重心。

二十世纪七十年代初，企业环境行为的概念逐步被大众所关注，不同学者的研究成果，赋予了企业环境行为不同的内涵。欧盟委员会曾提出，企业环境行为是企业自愿为社会的环保目标所做的贡献。Hines（1986）认为企业环境行为是在社会责任感的驱动下为了避免产生环境问题而主动实施的行为。[30]Sarkar（2008）提出，企业为维护社会声誉，在经济效益与环保活动中寻找平衡点的行为即企业环境行为。[31]随后，研究成果被不断细化，我国学者王凤等（2012）提出，企业环境行为是由企业社会责任逐步细化得来，随着研究的深入而逐步形成的一个独立的研究范畴。[32]周曙东（2013）在"两型社会"的背景下将企业环境行为视为企业为达成经济效益、社会效益和生态效益持续发展的目标所采取的有效管理。[33]

随着研究的不断深入、研究成果的日益丰富，对企业环境行为的恰当界定，为本篇的研究打下了良好的基础。结合国内外学者的相关理论，本人认为企业环境行为可以定义为企业面对外部环境压力时，考虑所处环境及自身特点、发展战略等因素所进行的环境管理行为。根据本篇的研究对象和研究目的，针对京津冀企业的环境行为仅包括在外部环境压力下，主动采取措施改善环境状况的行为，而不包括面对压力不做任何反应，甚至通过非法手段逃避检查或排放污染物等行为。

2. 2 企业环境行为的理论基础

2.2.1 利益相关者理论

1984 年，弗里曼的利益相关者理论提出了与传统股东至上主义不同的观点，他认为，企业经营的目的是平衡各利益相关者的权益，以实现利益相关者的整体利益，并非单纯考虑传统观点中的个别主体利益。Wheeler（1998）根据某一群体是否具备社会性以及该群体与企业的关系是否由真实人来控制将利益相关者分为以下四类：第一类是具有社会性并直接参与的主要的社会性利益相关者；第二类是相对弱重要的社会利益相关者，包括参与社会活动的一类组织，如政府、社会组织等；第三类是不作用在具体人身上的主要的非社会利益相关者，他们对企业会产生直接的影响，比如自然环境；最后一类是弱重要非社会利益相关者，与企业并没有直接的联系，如环境压力集团、动物利益集团等。[34]利益相关者理论的基本观点主要分为以下两点：第一，企业的利益相关者不再局限于股东这样的单独主体，同时也包括员工、投资者、供应商、政府、公众、乃至自然环境等主体，他们都直接或间接地与企业存在着相关性；第二，企业只有同时保证所有利益相关者的利益，才能够让企业维持更稳定、更快速的发展状态，这就要求企业在制定战略时将实现利益相关者们的利益考虑进去。

传统观点认为，企业唯一的目标是追求企业利润最大化，而在利益相关者理论的思想下，企业在实现经济利润的同时还要兼顾其他社会责任，如本篇所研究的社会环境责任。随着环保理念的深入人心，投资者、供应商和消费者在商品价格处于同一水平时都会倾向于选择"绿色"产品。赵领娣等（2003）在探究企业环境战略的制约因素时提出外部规制因素、市场因素及企业内部因素。在控制内部因素时，作者认为要做到均衡相关者利益，在环保压力下兼顾经济效益与环境效益。[35]彭海珍（2007）阐述了三重"许可证制度"的作用机理，她认为管制许可证、经济许可证及社会许可证分别可以满足执法人员、市场行为人及社会的需求，从而达到改善企业绿色行为的目的。[36]基于利益相关者理论，在实现利润的同时考虑到市场中利益相关者的需求，可以更全面地分析京津冀地区的企业环境行为驱动因素，为进行环境管理奠定基础。

2.2.2 环境经济学理论

作为环境学和经济学的交叉学科，环境经济学主要研究了人类和环境之间进行物质交换所产生的经济学影响，其中包括合理估算环境污染所形成的损失、加强环境投入所带来的收益以及如何制定对污染者的处罚等。在环境科学中引入了经济学理念，在解决污染治理问题时充分体现了环境的价值，从而找到了解决环境问题的有效手段。

二十世纪五十年代至六十年代，人口、经济、资源等多方外界压力逐步增大，引发了整个社会对于生态环境的讨论。1987 年，联合国世界与环境发展委员会发表的《我们共同的未来》报告中，正式提出可持续发展的概念，并对此进行了详细的阐述。报告指出，在当代生存发展得到满足的同时，不能对后代人未来的需求构成威胁。起初，人类人口基数小，资源需求量小，产生的废物少，水资源等可以满足人类的生存发展需求，人类缺乏对于环境及资源的保护意识。随着社会的发展，人口基数暴增，水、土地等资源短缺，垃圾堆积如山，生态系统遭到不可逆转的破坏，人类逐渐意识到了自然环境与自身发展密不可分的关系。过去的发展更多的是单方面地向大自然索取，滥用资源、恣意破坏环境，超出大自然可以承受的负荷，造成不可回转的影响，传统发展模式面临着严峻的挑战，调整发展模式、恢复生态补偿能力刻不容缓。环境治理一方面要节约资源的利用，另一方面要对破坏生态环境的行为进行处罚、惩治，以达到对全社会的威慑作用。除了采用法律强制措施保护环境外，环境经济学提出通过经济手段对环境行为进行管理。在环境治理中，利用税收、信贷等经济手段，诸如征收资源税、排污费等，对过度开采资源、造成环境污染的企业进行经济处罚；通过发放财政补贴、提供绿色贷款等，为积极响应政府政策号召，进行环境管理的企业提供奖励。

环境经济学理论将企业视为理性的组织，认为其会在奖惩中平衡成本与利益，最终做出最有利于企业的决策。因此，在研究企业环境行为驱动因素时，环境经济学理论更多关注了可以影响企业实施环境行为的经济因素与政策规制。Gray 与 Shadbegian（2005）认为政府规制、检查及处罚等是驱动企业实施环境行为的主要动力。[37]Frondel 等（2007）通过对 7 国近 4000 家企业进行调研发现，税收优惠会促进企业进行生产技术上的绿色创新。[38]环境经济学理论受威慑理论的影响，将企业环境行为界定为企业被动接受的行为结果，而忽略了企业的能动性，这也成为之后学者研究的关注点。

2.2.3 新制度主义理论

经济学家道格拉斯·诺斯在上世纪七十年代创立了新制度主义理论，他将制度引入了经济学的研究当中，强调了制度在政治、社会、个体等研究中发挥的重要作用。马奇、奥尔森（1984）在《新制度主义：政治生活中的组织因素》中提出，受行为主义的影响而被忽视的组织的作用逐渐被认可，组织和法律制度慢慢变成了生活、工作的主导。随着学者的进一步研究，新制度主义理论体系不断丰富，进而将新制度主义理论分为社会学制度主义、历史制度主义和规范制度主义等。社会学制度主义除了正式的程序和规则外，道德、认知乃至文化都属于制度的范畴，并通过与个体的某种实践关系影响着个体。历史制度主义更看重历史对现在的影响，他们认为过去的选择会影响未来的发展方向。理性选择制度主义起源于美国国会制度，它通过对个人单元进行分析，来达到个体最大回报的效果。不同于理性选择制度主义，规范制度主义并非以回报的多少为主要分析方面，而是以计算恰当行为的多少来衡量人的行为。四种流派相互影响，逐步扩展了研究范围，共同组成了新制度主义理论体系。

制度主义理论解释了制度是如何影响人的行为的，在该理论框架中，制度被视为是约束个人行为的一系列规则与规范。制度被制定出来后，旨在通过其程序与规范来约束个人的利益最大化行为。同时，制度肯定了人类社会中相互影响的关系，承认了经济社会中的竞争与合作。Sue E. S. Crawford & Elior Ostrom（1995）概括了制度的三种内涵：均衡、规范与规则。他们认为，制度是个人在理性状态下依据其偏好做出的趋于稳定的选择，并在是否适宜具有共同认知的基础上，建立了良性互动，并且，如果违背了制度，则会因此而降低组织的工作效率，乃至受到处罚。[39]

制度主义理论同样在企业环境管理中有着深远的影响，制度主义理论阐述了制度环境对企业行为的影响结果，当企业中管理者或员工认可企业制度并乐于遵守，就会对组织产生趋同效果，进而导致企业整体逐步对企业环境行为进行管理。社会、市场都会对企业产生制度上的影响，这也成为了导致企业环境行为差异的重要研究领域。郭毅等（2006）认为，由于受到制度环境的规制，组织会倾向选择被成员所认可的行为，尽管该行为不一定会促进组织提高内部运作效率。[40]Qi 等（2012）在对环境认证体系进行研究时发现，虽然该类环保认证体系并不能直接确定企业良好地进行了环境行为，但是却可以为企业树立良好的环境观念，从而对企业实施环境行为产生积极的影响。[41]新制度主义理论的传播与发展，帮助分析了企业环境行为的驱动因素，为企业环境行为研究奠定了理论基础。

2.2.4 组织与管理理论

作为管理学的核心理论，组织与管理理论揭示了事物演变的内在规律。组织与管理旨在通过对组织建立架构，确定职位与权责关系，以求共同实现组织的目标。在研究企业环境行为时发现，部分企业即便是在会影响企业利润的情况下，依旧采取良好的环境管理行为，而另一部分企业则会冒着被处罚的危险不配合环境规制的实施。在组织与管理理论背景下针对企业环境行为的研究主要是资源基础理论和计划-行为理论。

（1）资源基础理论

资源基础理论认为企业的资源有无形与有形之分，具有不可复制性，但都可以逐渐转化为企业的实力并维持企业的持久经营。在资源论的视角下，企业被视为资源的集合体，并由资源的差异构成了企业间的优势与竞争力。因此，如何决策企业资源的用途成为了企业经营决策的重中之重。

资源基础理论主要包括了以下三方面的内容：第一，具有特异性的资源是企业竞争优势的源头。该理论认为，任何资源都有其特定的用途，而资金是用途最广的资源。企业进行经营决策就是决定所拥有资源的用途，且在决策后无法逆转。所以，企业先进行的决策会对下一步的决策造成影响，并随着资源的开发而逐步降低企业的灵活性。若企业将资金投入到某一特定行业及领域，在今后的生产中仅能继续延续该方向。但因企业提高了对资源的利用率，进而帮助企业提高了利润。第二，资源的不可模仿性保证了企业在竞争中更具持续性。特殊资源会让企业在竞争中处于优势，并带来一定的租金，为了获取更高的经济利益，其他企业就会相继学习并进行模仿，以致租金降低。然而，市场环境的多变性使得模仿者并不能清晰地辨别出导致经济效益的因果关系，同时模仿过程中的时间和资金成本也限制了其他企业的模仿动力。第三，针对特殊资源的取得与管理。企业可以通过对组织进行培训，不断地获取新知识来提高企业的竞争力。Hart（1995）认为企业必须要兼顾内外资源的发展，且互补性资源才是企业环境能力的主要方面。[42]

（2）计划-行为理论

计划行为理论为我们揭示了人是如何对自己的行为模式做出了改变，该理论认为实际行动是由行为意向直接控制的，行为态度以及主观规范会对行为造成直接的影响。其中，行为意向是指在实施特定行为前的行为倾向，在作出决定的过程中产生是否采取该行为的表达；行为态度代表了行为人有关特定对象的某种喜好立场，也就是其对于该对象的正负评价，可通过信念与立场两方面诠释；主观规范代表个体在实施某一行为时面对社会压力所产生的感知；知觉行为控制指在个体采取行为后自己所感受的可控程度。各项目通过相互作用，进而最终影响个人的实际行为，具体模型见图2-1。

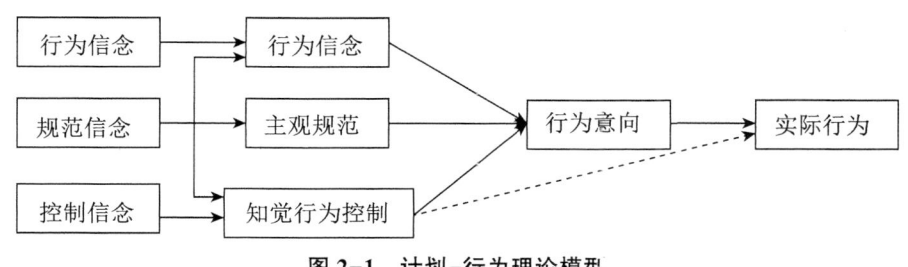

图 2-1　计划-行为理论模型

管理者对企业的资源进行决策，并决定着企业的发展，因此，管理者的个人背景及价值观等最终会对企业行为造成一定影响。Giorgos Papagiannakis等（2012）通过对142家企业高层管理者进行调查，发现其价值观会间接影响企业采取环境行为的态度，并且，管理者对于环境事务的解决能力关系着该企业的环保实践程度。[43]

2.3 国内外文献研究综述

2.3.1 国外研究综述

二十世纪七十年代，随着经济的迅猛发展，自然环境逐步遭到破坏，西方国家开始了对环境会计领域的研究，伦敦烟雾事件、日本"骨痛病"事件、莱茵河污染事件等环境灾难的爆发也将环境领域中公众的焦点更多地转向了企业。在造成如此大规模的环境污染事件后，相关企业虽然付出了巨额的赔偿，但却给环境造成了不可逆转的破坏、给民众的健康带来了不可避免的威胁，如何在企业与环境的博弈中找到平衡点，成为了值得我们深思的问题。企业环境行为的思想源于企业社会责任，是随着研究的不断深入而逐渐形成的研究领域。在二十世纪六十年代西方的环境保护运动中，企业环境行为的概念逐渐形成，认为企业在实现利益的同时需要承担一定的社会责任。欧盟委员会指出企业环境行为是企业为了社会和环境而承担的责任。虽然国际上尚未对其定义达成共识，但其核心思想是趋于一致的，即企业为承担环境责任而付出的努力。

（1）企业环境行为的理论模型

Carroll 金字塔模型和 Wood 模型被学者广泛应用于企业环境行为的研究之中，并极具代表性。1991 年 Carroll 提出金字塔模型，该模型将社会责任分为四个层次，由下至上分别是经济责任、法律责任、伦理责任和慈善责任。在经济利益和法律责任的约束下，企业不得不遵守环境责任，这是大多数企业实施环境行为的动因。[1]随着社会的进步，道德因素也会不断地诱导企业主动实施环境保护行为，而处于最顶端的慈善责任则是社会期待企业追求的最高境界。模型中的各个层级间交互影响、相互作用。随后，Schwartz 和 Carroll（2003）又对现有的金字塔模型进行了完善，提出了更为完善的三维韦恩模型。该模型引入了伦理维度，在广泛认知的社会责任维度中加入了对于伦理的考虑，丰富了研究理论认知。[2]从直接和间接的角度，给企业带来经济利益的活动属于经济维度，对法律要求所做出的反应属于法律维度，利益相关者或公众所希望企业承担的道德责任属于伦理维度。然而，企业的行为往往是多重因素驱动的结果，其影响变量并不能单纯地界定为某一维度因素，因此在实际应用中难以清晰地区分究竟属于哪一个维度。

另一具有代表性的模型为 Wood 模型（1991），其基于开放的生态系统，是一个综合管理学、经济学和哲学等多学科的模型，即根据投入产出过程而提出企业环境行为的三个维度：将责任原则定为投入变量，社会赞同定义为过程变量，产出变量是由最终结果来衡量。[3]责任原则由法律原则、企业公民责任、管理谨慎构成，在社会参与中将法律视作企业的武器，且因所有员工都是企业道德的代表，所以他们有责任小心谨慎地进行决策。社会赞同维度指股东和环境管理的过程，从经营环境角度对企业进行评价，积极维护企业与股东间的关系，并对一些社会问题进行分析、评价。产出维度体现了企业在过去所做出决策的影响，企业的行为也是社会和股东等作用的结果。Wood 将企业环境行为界定为在社会责任的制约下，社会所赞同的且影响社会关系的产出。他认为，这实质上是在敦促企业多实施"好行为"。

（2）企业环境行为的影响因素

国外发达国家自二十世纪八十年代便开始了对企业环境行为意识的研究，分析其影响因素。在社会环境中，企业的行为受多方面因素的影响与制约，如何根据内外部的驱动因素来选择其环境行为是企业环境行为研究中的核心部分。

作为追求经济利益的实体，最初的企业环境行为的实施主要靠外部压力的推动。政府对企业的监管与规制在很大程度上影响企业实施环境行为，企业违反相关制度、超出环境标准排放废气物会在相应程度上受到政府的处罚与制裁，在经济利益上与企业发展上受到阻碍。因此，企业为了避免遭到政府的处罚，势必会改善其环境行为，更多地采取绿色措施。Earnhart（2004）以污水处理厂为对象，研究了企业对于政府监管与处罚的反应；[4] Parker（2008）研究了澳大利亚大型企业的企业环境行为，提出企业环境行为受到政府规制其中部分因素的影响；[5]同时，市场压力也在一定程度上制约着企业环境行为的实施。随着公众环保意识的普遍提高，越来越多的消费者倾向于购买那些有绿色声誉企业的产品，在同等价位水平下，具有好的企业环境行为的企业往往更容易占得市场优势。Stalley（2009）认为在经济全球化的大背景下，发展中国家的企业会参照 ISO14000 国际环境标准体系进行企业环境行为管理，以避免由于环境标准的落后而使企业在市场中受到不利影响。从投资者角度考虑，如果企业在环境管理中没有采取积极措施，就可能在市场中失去优势地位；对于投资者而言，就意味着较大的投资风险，投资者通常会对投资该企业产生较大的顾虑，导致企业往往较难获取足够的资金支持。[6]Scholtens（2006）认为具有良好的企业环境行为可以降低由环境带来的风险，更容易取得贷款与保险；[7]Khanna（1998）认为环境绩效的好坏和公司股市反应成反向影响；[8]Takeda（2008）对 1998~2005 年日本制造业企业的股价与环境管理等级的关系进行研究，发现股价会随着环境信息发布而波动剧烈。[9]

随着社会整体环保意识的提升，企业对于环保的态度由消极被动型转变为积极主动型，企业自身的一些因素促使企业主动实施环境行为。企业的一些最基本的特征会影响企业是否实施环境行为，如企业规模、财务状况、行业属性、企业性质等。企业规模是企业最基本的特点，普遍而言，学者更倾向于认为规模越大的企业越会主动实施企业环境行为，比如 Hayami（1984）提出影响企业环境行为的一个重要因素就是企业规模，企业规模越大，能够在生产中进行环境管理的可能性就越大；[10]Stanojevic、Vranes 和 Goekalp（2010）发现小型企业更偏向于将资金用在业务和人才方面，并没有额外的资金用来加强环保设备的投入。[11]Blanco（2009）对以往的文献进行梳理，认为财务绩效好的公司更加主动地实施企业环境行为。[12]Theyel（2000）通过实证分析发现产业特征也是影响企业环境行为的因素之一，成熟产业的企业更倾向于积极开展环境管理行为，这类企业认为改善环境绩效更利于其获得竞争优势。企业管理层和员工的环保意识同样对企业环境行为起着重要影响。[13]Cordano 和 Frieze（2000）肯定了高级管理者在管理企业环境行为中发挥的决定性作用，高管在面临公司整体外部环境压力时所表现出的选择倾向会决定公司的环境行为，认为增加企业的环境投入会带来更高回报的高管所控制的企业更倾向于主动实施环境行为。[14]Branzei（2004）通过建立概念模型来分析企业管理者的环境认知与环境行为之间的联系。[15]

2.3.2 国内研究综述

国外针对企业环境行为的研究早于国内，然而随着近年来研究的逐步深入，相关研究成果也不断丰富，有关企业环境行为的研究主要集中在企业环境行为影响因素、企业环境行为与企业绩效和企业环境行为评价三个方面。

（1）企业环境行为影响因素

随着社会的发展，企业逐渐意识到承担社会责任的重要性，而不再只是单纯地追逐经济利益。企业加强环境管理一方面可以树立更好的企业形象，在推崇"绿色产品"的市场中占据更大的市场份额，同时也会协调企业与政府之间的关系，获得更多的政策优惠，建立良好的政企合作模式。那么，何种因素会促使企业实施环境行为便成为众多学者的研究方向。

部分学者对企业环境行为的影响因素展开了实证研究，如周曙东（2011）在对湖南省 300 家制造业企业进行问卷调查后发现：制度与企业战略驱动因素及社会责任会对环境友好行为产生正向影响，这就要求企业将绿色环保概念融入到企业制度与战略当中。[16]陈兴荣等（2014）运用我国 30 个省市的数据验证企业环境行为函数的合理性，结果表明东南沿海地区的企业环境行为好于内陆地区，东部地区的环境规制程度强于西部地区，表现出了更强的对企业环境行为的推动作用。相较于其他地区，京沪等特大城市中，居民消费偏好表现出显著的环境行为推动作用。[17]重污染企业是造成环境问题的主要实施者，陈怡秀等（2016）选取钢铁、冶金等重污染企业探究该类企业环境行为的影响因素。经过实证分析，环境规制、治理结构、市场结构、管理层认知及财务状况都会对企业环境行为有显著影响。为了能够改善现有环境行为，政府应当提升环境标准、提高环境准入门槛，同时改变经济结构、增强市场竞争氛围。作为重污染行业的企业，也应当设立相应的环保战略，积极承担社会责任，增加对环保设施及污染治理的投入，在行业发展中力争领先。[18]王凤等（2015）提出员工环保意识也是影响企业环境行为的一项重要因素，她对陕西省 60 家能源类企业的问卷调查结果进行统计后发现，在能源类企业稳定工作的员工会具备更高的环保意识，在日常工作中更注重生产安全与个人健康。消费者对绿色产品的需求越来越高，也促使企业提升自身的环保投入，更好地满足消费者的需求。[19]

部分学者基于某些特定视角对企业环境行为展开了研究。张劲松（2008）基于资源约束的视角，分析了企业环境行为及其对策。他提到，在资源约束论的大背景下，企业已经由"消耗型"转为"节约型"，固有的生产模式已经发生了改变，这就要求企业从公司战略及生产设备、技术等方面及时跟进。推动企业进行升级改造的动力一方面来自于政府及市场的规制，但更主要的方面来自于企业的社会责任感及战略规划——将持续发展作为公司的目标。

制度主义理论揭示了驱动组织行为的本质力量，在制度主义理论的背景下，企业增加对环保的资金投入是为了提升企业的社会认同感而非提升工作效率。[20]陶岚等（2013）在对制度合法性研究的基础上，从合法性的角度讨论了对企业行为的影响。她认为在强、弱意义的概念上，均是通过利益相关者对于企业环境行为的认知，进而影响企业行为，企业通过法律、市场、利益相关者四种方式对合法性机制做出响应。[21]邹伟进等（2014）试图通过委托－代理理论解释企业环境行为。经过实证检验，企业的努力水平与外部环境激励及实施环保行为的成本相关，推进企业绿色化生产虽然会增加企业的成本，但会在整体层面上提升企业的社会竞争力。对于政府而言，要在设立环保标准的基础上对企业进行奖惩，增加对企业的监督管理，督促企业承担环境责任。[22]

（2）企业环境行为与企业绩效

在传统思想中，加强对环保设施的投资、采用更多的环保材料就必然会增加企业的生产成本，进而影响企业的利润。而企业追逐的是经济利益，这就势必会影响企业的发展需求，不能让企业有加强环境管理的自主动力。但是基于可持续发展的思想，企业实施环境行为会为企业带来进一步的价值增值，从而最终提升企业绩效。

李朝芳（2015）认为企业环境行为对于企业来说是具有增值效应的。在价值形成过程中共分为三个阶段：其一是在实施环境行为后在市场中获得了产品优势，在同类的竞争中占据了更多的市场，获得了经济利益；其二是将企业环境行为的信息传递给外界；其三是企业将其环境行为进行披露后，在社会及大众心中产生的认同感与信任度。经过上述三个阶段后，企业为环境行为所承担的成本将会转化为企业绩效，为企业带来未来的经济效益。[23]姚圣（2010）通过对2004~2005年"环境友好企业"进行实证研究发现，环境会计控制和企业环境的业绩成正向相关。他认为，良好的环境会计控制为政府和企业搭建了一个关联纽带，当企业积极实施良好的环境控制时，会因此获得政府给予的政策奖励及税收优惠，最终提升环境业绩。[24]企业可以通过建立完善的环境会计体系来维系企业与政府之间的良性发展关系。在环境会计领域的发展中，如何理解并接受环境成本是企业决策的一个重要出发点。通常分为两种观点，一是基于事后处理原则的"全成本法"，另一种推崇建立环境责任中心，将事后处理转为事前规划。杨家亲（2005）在环境投资抉择的研究中认同"事前规划法"的处理办法，她认为这种方法可以在控制成本与故障成本中找到最优的均衡点，要求企业从整体的角度出发设立环境责任中心，促使各部门在日常经营过程中将环境成本加入到考核与规划范围内，在投资决策过程中做出更利于企业未来发展与效益的选择。[25]秦颖等（2004）认为企业行为和环境绩效存在一定的关联，她通过将金属制造业的五个代表性公司作为样本，采用半封闭式问卷与访谈相结合的方式进行调研。在访谈中分别对公司的战略及企业环境行为与业绩进行了解。研究发现，改善企业环境行为和环境绩效的提升之间有着正相关性，如减少企业的污染排放对企业的环境影响有着明显的作用。[26]

（3）企业环境行为评价

企业环境行为是一个复杂的概念，其特性决定了想要设计出一个完全涵盖所有考量指标的模型是十分困难的。通常，对企业环境行为的评价使用多元分类量标，最频繁使用的是社会责任报告和环境报告，通过上述报告所披露的信息对企业进行评价。但是想要对企业的环境行为进行更好的监管与指引，就势必要建立一套科学合理的评价体系，能够客观地评价企业的行为等级，提升整个社会的环境治理效果。

贺震等（2010）对江苏省绿色信贷情况进行了阐述，企业环境行为评价不是最终目的，江苏省将评价结果与信贷相结合，督促企业对其行为加强绿色管理，相继出台了一系列落实绿色金融的政策文件，为企业环境行为评价的顺利开展提供了保障。[27]周英男等（2014）借助层次分析法建立上市公司企业环境行为评价模型，在构建的过程中，在现有评价体系基础上增加了对环境守法水平的考虑，并将其作为一个独立的评价方面。随后该作者选取宝钢集团作为检验评价模型的案例，得出宝钢集团 EB 得分为 87.3 分，与 2012年宝钢集团环境行为"蓝色"等级相一致，初步验证了模型的有效性。[28]罗文兵等（2013）在对现有国内外文献进行梳理的基础上，认为我国应借鉴西方先进的环境管理思想，建立长效的环境等级评价制度，进而从战略、计划和绩效三方面提出重污染行业环境经营评价制度，从评价标准的细节方面进行了量化。[29]

京津冀企业环境行为现状

3.1 京津冀区域环境背景

京津冀地区隶属首都经济圈，三地紧密相邻。随着近年来经济的飞速发展，三地的环境状况对各自的发展起着制约的作用。京津冀地区环境协同治理是解决环境问题的重要手段，想要落实好环境协同治理，就需要对其各自的环境背景有深度的了解，提出针对性的解决办法，进一步增强环境协同治理效果。三地相关指标[1]如下：

（1）人口及经济情况。截至 2016 年年末，京津冀地区常住人口分别为 2173 万、1562 万和 7470 万人，城镇人口与乡村人口比例分别为 6.4、4.9 和 1.1。北京地区 GDP2.6 万亿元、天津地区 GDP1.7 万亿元、河北地区 GDP3.2 万亿元。

（2）产业分布情况。2016 年北京市一、二、三产业比重为 0.5∶19.3∶80.2，天津市一、二、三产业比重为 1.2∶42.3∶56.4，河北省一、二、三产业比重为 10.9∶47.6∶41.5。京津冀三地较上年相比第一产业比例均有所下降，第三产业的发展势头良好。

（3）森林覆盖情况。根据国土资源部数据，2016 年北京地区森林面积 58.81 万公顷，森林覆盖率 35.8%；河北地区森林面积 439.33 万公顷，森林覆盖率 23.4%；天津地区森林面积 11.16 万公顷，森林覆盖率 9.9%，远低于我国平均森林覆盖率 21.6%。

---

〔1〕 数据来源：载 http://data.stats.gov.cn，最后访问日期：2017 年 10 月 31 日。

（4）水资源情况。2016 年末，北京地区水资源总量 35.1 亿立方米，其中地表水 14 亿立方米，人均水资源 161.6 立方米；天津地区水资源总量 18.9 亿立方米，其中地表水 14 亿立方米，人均水资源 121.6 立方米；河北省水资源总量 208.3 亿立方米，其中地表水 106 亿立方米，人均水资源 279.69 立方米，相较其他两地区更为充足。

（5）主要污染物情况。2016 年北京地区共排放 166419.28 万吨废水，产生 872.6 万吨生活垃圾清运量，大气污染物中，二氧化硫、氮氧化物、烟（粉尘）排放量分别为 3.3 万吨、9.6 万吨、3.5 万吨；天津地区共排放 91534.42 万吨废水，产生 269 万吨生活垃圾清运量，大气污染物中，二氧化硫、氮氧化物、烟（粉尘）排放量分别为 7.1 万吨、14.5 万吨、7.8 万吨；河北省共排放 288794.55 万吨废水，产生 725.2 万吨生活垃圾清运量，大气污染物中，二氧化硫、氮氧化物、烟（粉尘）排放量分别为 7.8 万吨、11.2 万吨、12.6 万吨。

（6）能源消耗情况。2015 年，北京地区共消耗煤炭 1165 万吨，单位生产总值能耗同比下降 6.2%；天津地区共消耗煤炭 4539 万吨，单位生产总值能耗同比下降 7.2%；河北地区共消耗煤炭 28943 万吨，单位生产总值能耗同比下降 6.1%。

京津冀地区作为经济中心，其发展受到整个社会的关注。由于近年来超负荷的发展，环境问题成为阻碍京津冀地区发展的巨大障碍，资源、环境、发展成为互相制约的因素。只有尽快解决京津冀地区所面临的资源、环境问题，才能更好地推进京津冀协同发展战略。

（1）大气污染问题。空气是人们赖以生存的重要环境资源，近年来雾霾天气频繁爆发，大气污染成为社会关注的热点问题。2016 年三省市空气质量达标天数比例平均不足二分之一，北京地区人口密度大，汽车使用量多，机动车尾气排放产生的氮氧化物含量高，尾气中夹杂的可吸入颗粒物给人们带来了很多的疾病。一些地区依旧使用燃煤的方式进行取暖，焚烧后产生大量的二氧化硫等污染物，造成酸雨及雾霾等污染天气。

（2）水污染问题。使用传统农业生产方式的河北省，在灌溉时水资源有大量的浪费。与此同时，制造业的密集分布也导致河北省的水体污染更为严重。工业污水含有许多重金属，如果未经有效的处理而直接排放到海洋、河流当中，便会对其他水源、土地造成污染，进一步扩大对生态的破坏。

（3）生态系统破坏问题。随着城市化进程速度加快，近十年来京津冀地区大量植被用地被改为建设用地，农田、森林等面积逐步减少，此现象在北京、天津两地表现尤为突出。大量的绿地被占用，降低了生态系统的稳定性，在面对暴雨、干旱等恶劣的自然天气时防御能力降低，极易造成自然灾害。

3.2 京津冀企业环境行为的法律规制

十八大报告首次提出将建设"美丽中国"作为未来的重要目标，在经济建设的同时要注重生态文明的建设，以此达到持续发展的目标。京津冀作为涵盖首都的经济圈，习总书记对其发展提出了详细的要求：一方面利用各方的优势互利互补，合理利用区域一体化的优势建设基础设施；另一方面在各个领域上强化环保合作，着力扩大环境容量。党中央将京津冀协同发展纳入重大国家战略并提出要在生态环境保护领域率先取得突破。

随着京津冀一体化进程的加速推进，环境治理一体化的观念也应运而生。环境治理离不开相应的法律约束，为了能够更好地督促企业对其环境行为进行管理，就必须有相应的规章政策相支撑。

3.2.1 北京市

2012 年以来，北京市陆续出台了 33 项地方环境保护标准，如《水污染物综合排放标准》《木制家具制造业大气污染排放标准》等涵盖了制造业、建筑业以及人们生活等方方面面的环保规范，足以体现出近年来环保部门对于环境保护的重视程度。

2012 年，北京市出台了《2012-2020 年大气污染治理措施》。该《措施》中提出，到 2015 年，空气中主要污染物年均浓度比 2010 年下降 15%，到 2020 年下降 30%，在 2020 年后早日达到国家空气质量新标准。为了实现大气污染防治，该《措施》中提到要完善环境监测体系，落实污染防治责任；积极发展绿色交通，减少机动车带来的空气污染；改变现有能源结构，推广使用清洁能源；调整产业结构，严控工业污染等。2013 年《大气污染防治行动计划》开始执行，同年 9 月多部门联合印发《京津冀及周边地区落实大气污染防治行动计划实施细则》，该《细则》中提出，力争在五年内改善京津冀地区空气质量，并在未来慢慢消除污染。为更好地推进首都的生态文明建设，北京市人民政府 2014 年设立了"首都环境保护奖"，旨在表彰在环境保护工作中的典型模范，调动社会积极性，推进新时期环保工作，促进首都环保事业的新发展。2016 年印发了《北京市"十三五"时期环境保护和生态建设规划》，该《规划》中提出北京市将围绕首都城市战略定位和京津冀协同发展战略，全面推进环境污染防治。

3.2.2 天津市

在"十三五"时期，天津市出台了《天津市"十三五"生态环境保护规划》，是指导天津市建设生态文明工程的重要文件。该《规划》中指出，目前所处时期是生态保护工作攻坚克难的关键时期，面对全社会改善生态环境的呼声，应进一步加强对于环境质量的监管。天津市设立了"十三五"生态保护的主要指标，该指标涵盖了生态环境质量、生态保护修复和农村环境保护等方面，并规划了在 2020 年要达到的预期目标。

在法制建设方面，天津市自 2001 年来陆续出台了治理大气污染、水污染等相关的地方法律法规，如《天津市环境保护条例》《天津市大气污染防治条例》《天津市水污染防治条例》等，对环境保护和生态防治等方面的行为进行了相应的约束，并对违反规章制度的行为明确了相应的法律责任。2015 年 6 月，天津市人民政府修订了《建设项目环境保护管理办法》，全面推行建设项目环境影响评价制度。2016 年 7 月天津市通过了《天津市湿地保护条例》，针对利用湿地所从事的行为进行规范，严禁进行捕猎野生动物、挖沙取土、倾倒垃圾等破坏生态的行为。同时要求行政主管部门健全相应的保护机制，及时采取救护措施。

3.2.3 河北省

河北省作为制造业分布密集的省份，环保事业面临着很大的压力。为了规范行业的经营行为，制定了相关的法律文件，如《钢铁工业大气污染物排放标准》《燃煤锅炉氮氧化物排放标准》《水泥工业大气污染物排放标准》和《工业企业挥发性有机物排放控制标准》等。

2011 年河北省发布了有关排污权交易的相关管理政策，允许通过正规机构对合法的许可排放量进行公开买卖。2013 年，河北省印发《河北省大气污染防治行动计划实施方案》，采取 50 条措施，加强大气污染综合治理，改善全省环境空气质量。确定了加大工业企业治理力度，调整能源结构等 8 项重点工作。同年，制发《河北省治理淘汰黄标车工作方案》和《全省治理淘汰黄标公交车工作方案》等文件。2014 年发布了《河北省环境保护公众参与条例》，鼓励民众参与环保活动、维护自身环境权益、依法参与环境决策和法规实施等。2016 年发布《河北省乡村环境保护和治理条例》，在乡村环境中坚持"政府主导、公众参与、预防为主、因地制宜、保护和治理并重"的原则，对田园清洁、水源清洁及生活区域清洁均规定了明确的行为规范。

3.3 京津冀地区企业环境信息的披露状况

企业环境行为的好坏一方面可以通过其是否遵守相关法律、履行相应标准来判断，另一方面还可以通过其是否积极披露环境信息，披露内容是否丰富来判断现有研究通常将企业环境信息分为以下三方面：一是企业所拥有的环境资源，即环境因素；二是企业在生产活动中所产生的环境影响及因此而发生的相关费用；三是由于环境的不可控性而造成的一些意外影响，如因自然灾害等导致的环境影响。在披露环境信息的时候，企业一般通过定量与定性相结合的方式进行。在披露排污费时，企业通常选择列明具体的金额，这样可以让报告的阅读者直观地感受到企业对环境的投入。然而一些环境信息并不能被量化为确定的数字，这时企业会运用文字表述恰当地阐述其环境成果。无论是上述的哪种方法，只要使用得当，都可以向信息使用者传达企业相关的环境信息。

工业企业是环境污染的重要来源，该类企业是否将其环境信息恰当、及时地进行披露，直接关系着整个社会对于环境保护的管理和监督。本节主要就此进行研究。因工业企业是环境污染的主要源头，通过对该类企业环境信息披露情况进行梳理，分析得出如下结论：

3.3.1 京津冀企业环境信息披露方式

上海证券交易所中列明的京津冀地区工业企业共 92 家，其中北京 58 家、天津 14 家、河北 20 家。这些企业在董事会报告、会计报表、审计报告等中会提到相关环境信息，并且有部分企业在披露的社会责任报告中独立提及环境责任。在社会责任报告中，企业通常会在环境责任专题中介绍企业目前的环保理念及环境管理行为等，但是目前京津冀地区工业企业社会责任报告披露情况并不乐观，如表 3-1 所示，三地平均披露比例不足一半。

表 3-1　京津冀地区工业企业社会责任报告披露情况[1]

地区	该地区工业企业数量	披露社会责任报告企业数量	披露企业占总企业数量比例
北京	58	31	53.4%
天津	14	8	57.1%
河北	20	3	15%
合计	92	42	45.7%

3.3.2 京津冀企业环境信息披露内容

（1）环保理念。目前，已开始对环境信息进行披露的企业绝大多数会在其披露中提到环保理念，并与其企业战略相融合。如三友化工（600409）提到公司始终坚持"环保优先"的方针，在工艺和技术上加强环保管控。中国交建（601800）在领导致辞中提及"绿色"的发展理念，并且在业务发展时坚持奉行"绝不让美丽的土地受到污染"的原则，竭尽所能降低施工对环境的破坏。

（2）节能减排情况。中材节能（603126）积极投入环保事业，2016 年利用余热发电项目 93.97MW，减少二氧化碳排放达 570000 吨，余热电站共 16 个，用此发电减少 430000 吨二氧化碳排放。海油工程（600583）将"三新三化"作为公司发展的长效措施，通过此方法节约工程投资 2 亿元，节约标准煤 3930 吨。同时，在 2016 年通过 ISO14001 环境管理体系认证后，进一步将环保考核纳入环境绩效考核体系，不断提升公司整体环保意识。

（3）环保投入。开滦股份（600997）及其所属分子公司积极响应政府号

---

[1]　数据来自上海证券交易所公布的 2016 年社会责任报告，2017.11.30。

召，在 2016 年的环保投入共 28493.67 万元，约占公司营业收入的 2.43%。北方导航（600435）在 2016 年环境管理中共投入 29.3 万元，保证了生产运行所产生的废水、废气等都达到了国家的排放标准，确保全年没有发生环境污染事件。

3.3.3 京津冀企业环境信息披露问题

（1）披露方式不统一。目前，各企业根据自己的需求选取各自的环境信息披露方式，有些企业通过财务报表、环保投资等项目反映企业对于环保管理的投入，也有企业在公司战略中提及绿色理念，还有部分企业定期进行社会责任报告的披露，对于企业所承担的生态环境责任、所做出的贡献进行说明。各单位披露方式不统一，缺乏行业或地区统一的披露方式。让信息使用者在了解某企业环境行为时更为困难。

（2）披露内容可比性低。社会责任报告中概括说明了该企业详细的环保理念、环保投入、节能减排及污染防治等方面的行动。然而由于行业、企业性质等因素的差异，每个企业披露的内容又不尽相同，导致在对企业环境行为进行比较时存在一定的困难，不利于政府对各企业环境行为的评价，也不利于同类企业相互间的学习。

（3）披露意识欠缺。目前，企业对其环境信息的披露最为详细的方式是社会责任报告，在对京津冀地区上交所工业上市公司披露情况进行梳理的基础上发现，北京、天津地区的披露情况较好，约为 50%~60%；但在河北 20 家工业企业中仅 3 家披露了社会责任报告，占比仅为 15%。及时、全面地披露社会责任报告是外部利益相关者获取企业环境信息的重要来源，披露意识的欠缺使得环境治理工作的推进更为困难。

京津冀企业环境行为驱动因素
调查及实证检验

4.1 理论假设

　　基于对现有国内外有关研究企业环境行为驱动因素文献的收集与整理，本篇结合京津冀地区企业环境行为的实际调查情况，提出环境规制、财务状况等可能的京津冀企业环境行为驱动因素，并提出相应假设。

　　（1）环境规制。对企业来说，外界的环境规制是促使企业实施环境行为的重要因素。Hart（1997）提出在环境规制的压力下，企业的战略会经历环境治理、生产责任及持续发展的变化。[44]但是，张倩等（2013）在通过博弈模型探究政府与企业的博弈过程中发现，以排污税为例，当企业的边际减排成本过大时，不利于企业进行环境管理，[45]企业在面临外部环境压力时会主动考虑规避这部分成本。

　　假设1（H1）：环境规制是京津冀地区企业环境行为的驱动因素之一，环境规制越强，越能促使企业采取更加积极主动的环境行为。

　　（2）财务状况。一个企业的财务状况影响着企业的发展决策，想要改善企业环境行为需要加大对于环保设备的投入、增加污染治理的投资，这就势必会增加企业的经营成本，在一定程度上降低企业当前的利润。关劲峤等（2013）在研究太湖流域印染企业环境行为内部影响因素时提出，经济实力是需要重点考虑的方面，随后通过模型检验得到了验证。[46]财务状况良好的公司会从长远战略的角度考虑到企业品牌的树立，进而为维护企业形象积极改善企业环境行为。

假设2（H2）：财务状况是京津冀地区企业环境行为的驱动因素之一，财务状况越好的企业越倾向采取积极的环境行为。

（3）治理结构。根据现代企业制度，治理结构关系着企业战略的制定与未来发展方向的选择，同样也决定着环境管理方面的决策。赵娜（2009）研究了治理结构与企业社会责任之间的关系，董事会人数越多，企业承担社会责任时会越主动。[47]治理结构一般通过股权结构、董事会结构等多方面结合表现出来，股权结构集中的企业管理者更会将自己的利益与企业的经营发展方向相结合，更为注重企业的长远发展。同时，当企业的董事会规模比较大时，以权谋私的现象会减少很多，更利于企业的良性发展。

假设3（H3）：治理结构是京津冀地区企业环境行为的驱动因素之一，股权集中度越高、董事会规模越大的企业越倾向于采取积极的环境行为。

（4）企业雇员环保意识。企业雇员包括管理者和员工，是企业经济活动的直接参与者，企业雇员的环保意识对企业的环保意识有着重要的驱动作用。和苏超等（2016）认为管理者对环境的认知会提升环境绩效，管理层环保意愿强，会直接关系到企业的行为选择。[48]管理者对企业的资源有着直接的支配权利，管理者对环境保护的理解与认知会在一定程度上影响企业的经营决策。环保理念强的管理者会在决策与制定方案时优先考虑更为绿色的方案，加强企业整体对环境行为的整治，从而使企业具有良好的环境行为。同样，员工作为企业经营实施的重要主体，其环保态度也影响着企业整体环境行为的表现。通常来说，环保意识强的员工会在工作中更多地关注工作环境是否会给自己的健康带来危害，企业的生产经营是否会危害家人与后代，这在一些重污染行业企业表现得尤为明显。Robertson和Barling（2013）发现员工环保意识会影响企业环境行为水平，理解企业环保理念及战略并积极实施的员工所在的企业其环境行为表现更为突出。[49]

假设4（H4）：企业雇员环保意识是京津冀地区企业环境行为的驱动因素之一，企业雇员环保意识越强的企业越倾向采取积极的环境行为。

（5）利益相关者态度。根据利益相关者理论，企业在经营过程中要面对各方面的利益相关者诸如投资者、消费者、企业周边居民等。卢秋声（2015）在对636家企业环境信息披露情况进行打分后与利益相关者态度进行回归分析发现，内外部利益相关者的需求都影响着环境信息披露的情况，股东、债务人、顾客等均会从不同程度对企业施加压力促使其披露环境信息，[50]只有回应利益相关者的关注才能让企业有更好的发展。

假设 5（H5）：利益相关者态度是京津冀地区企业环境行为的驱动因素之一，利益相关者对环境保护的关注会促使企业采取积极的环境行为。

4.2 京津冀企业环境行为驱动因素概念模型

本篇共提出 5 个可能影响京津冀地区企业环境行为的驱动因素，根据因素的来源可分为外部因素和内部因素。其中，外部因素包括环境规制、利益相关者态度；内部因素包括财务状况、治理结构、企业雇员环保意识。根据上述 5 个因素，构建京津冀企业环境行为概念模型。

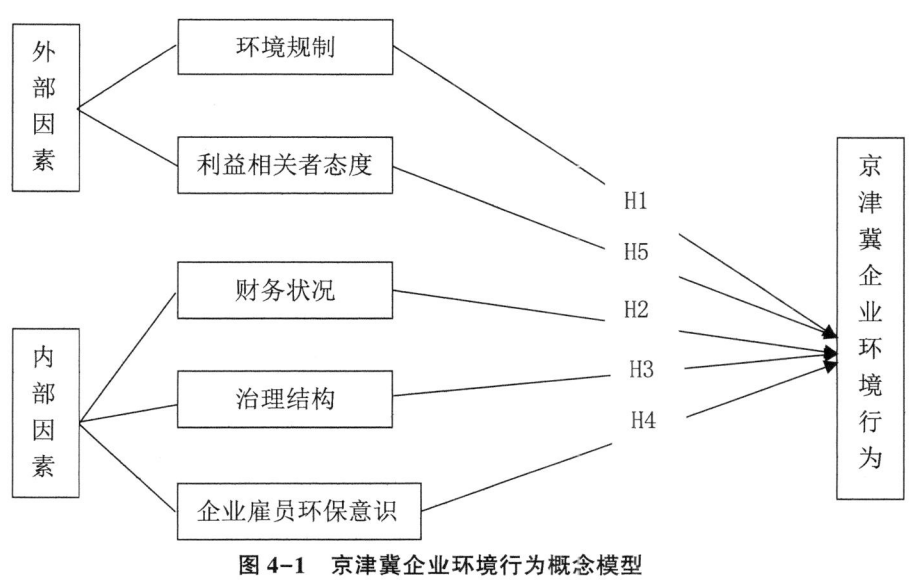

图 4-1　京津冀企业环境行为概念模型

4.3 京津冀企业环境行为驱动因素调查

4.3.1 问卷设计

问卷调查是研究的一种重要手段，通过对被访者的调查，可以更清楚地了解到相关实际情况。然而，问卷设计质量以及回收的情况直接影响了调查研究的结果，高质量、高回收率的问卷是研究成功的重要保障。本研究以企业环境行为驱动因素相关理论为研究基础，设计并回收问卷。在设计时，多次与校内外专家进行沟通，针对不妥之处及时地做出了调整，以保证问卷的调查结果与本次研究内容相匹配。在完成问卷的初稿后，对研究范围内的企业进行了预调研，针对题设不理想之处进行了改进，最终形成调查问卷。

本篇设计的问卷采用 Likert 五级量表，为方便被调查企业回答，问题均为封闭式（见附录）。问卷大体分为四部分，共 37 个问题。前 7 题为企业基本信息，余下 30 题为有关企业环境行为的实施情况，各企业需根据其自身实际情况进行选择。每题的选项为五个，从高到低表示对问题的同意程度，分别用 5 至 1 表示。

第一部分，针对调查问卷的说明。本部分介绍了此次问卷调查的背景意义及调查目的，并对调查的保密性进行了说明。

第二部分，针对企业基本情况的调查。本部分调查了受访者及其所属企业的基本情况，包括该企业所属地区、行业、类型、企业存续时间、营业收入及受访者所处职位、性别等。

第三部分，针对企业环境行为实施情况的调查。本部分共设计 11 题，通过环保投资、环保技术、环保管理、环境战略等方面对企业环境行为进行衡量，得出对企业环境行为实施情况的评价结果。

第四部分，针对企业环境行为驱动因素的调查。本部分共 19 题，从环境规制、财务状况、公司治理结构、企业雇员环保意识及利益相关者态度等方面了解其对实施企业环境行为的影响。

4.3.2 样本选取与数据收集

本研究针对京津冀地区企业环境行为进行调查，将受访者确定为京津冀地区企业的雇员，并根据三地区企业实际情况的差异，选取特定的受访者。制造业企业是污染的重要来源，因此本调查问卷在北京和河北地区限定为制造业企业。由于天津市制造业企业数量较少，故未限定行业范围，而是在问卷题目中设计相应选项进行进一步分析。同时，考虑到企业中管理者对于企业的政策、战略及投资等情况更为了解，为了使调查结果更具代表性，本问卷的受访者职位限定在高级管理者与一般管理者。

本问卷采取网络调查的形式，借助问卷星平台对受访者进行发放。本次共发放 340 份，剔除不完整及答案前后不合理等无效问卷后，实际回收有效问卷 315 份，回收有效率达 93%。在多元统计学中，调查指标通常与样本量的比例应大于 1∶5，并且样本量不低于 100 时，因子分析的效果更为理想，得出的结果也更具合理性。本研究中，设定了由环保投资、环保运营、环境管理、环境成果及信息披露构成的评价指标，每个地区共 105 个样本，指标与样本比约为 1∶21，满足统计学的因子分析要求。此外，在对企业环境行为现状进行因子分析前，需要对样本数据进行信度、效度检验，此部分将在下一章节进行阐述。

4.3.3 问卷基本信息统计

对回收问卷进行初步信息统计，其中，存续时间为 11 年~50 年的企业所占比例最多，为 59.05%，4 年~10 年的企业约为 25.08%，0 年~3 年与 50 年以上的企业分别为 5.08% 和 10.79%。从企业类型角度来看，被调查者所在企业属于国有及国有控股企业、民营企业、股份制公司、外资企业的比例分别为 25.4%、27.3%、42.54% 和 4.76%。受访者所在企业的近三年年均营业收入可以说明该企业的财务状况，年均营业收入大于 5000 万元以上的有 141家，约为 44.76%；1000 万元~5000 万元的企业有 59 家，约占总企业比例为18.73%。调查问卷样本数据信息如表 4-1 所示。

表 4-1　样本数据统计

项目	类别	次数	比例
企业存续时间	0 年~3 年	16	5.08%
	4 年~10 年	79	25.08%
	11 年~50 年	186	59.05%
	50 年以上	34	10.79%

项目	类别	次数	比例
企业类型	国有及国有控股企业	80	25.4%
	民营企业	86	27.3%
	股份制企业	134	42.54%
	外资企业	15	4.76%
近三年年均营业收入	100万元以下	31	9.84%
	101万元~500万元	38	12.06%
	501万元~1000万元	46	14.6%
	1000万元~5000万元	59	18.73%
	5000万元以上	141	44.76%
职位分布	高级管理者	91	28.89%
	一般管理者	224	71.11%
性别分布	男	164	52.06%
	女	151	47.94%

4.4 京津冀企业环境行为评价

在对京津冀地区企业环境行为进行评价时，通过SPSS17.0对问卷数据进行分析，首先检测问卷的信度是否可靠，其次依据问卷设立京津冀企业环境行为评价指标，同时检验其相关性，最后对京津冀地区企业环境行为进行评价。

4.4.1 问卷信度及效度检验

对本研究问卷信度检验所采用的是 Cronbach α 系数检验法，根据 Cronbach α 系数可以对量表内部的一致性进行检验。通常来说，α 系数越高，相应量表的可信度就越高。根据相关统计学知识，当 α 系数大于 0.7 时属于可以接受的范围，此时问卷具有较高的信度；而当 α 系数小于 0.35 时，则要拒绝相关问卷。

本问卷的第三部分是针对京津冀企业环境行为的调查，共包含 11 题，分别从环保投资、环保运营、环境管理、环保成果及环境信息披露等五方面对企业环境行为进行衡量，本节针对上述题目的量表进行信度检测，以检测评价因素的内部一致性。

京津冀企业环境行为量表信度检验结果如表 4-2 所示，环保投资、环保运营、环境管理三项的 α 值分别为 0.843、0.874 和 0.906，均具备很高的信度，可以接受；环保成果的 α 系数为 0.734，大于 0.7，属较高信度，同样可以接受。本量表总体 Cronbach α 系数为 0.929，说明该量表可靠且各评价指标内部一致性较高。

表 4-2　量表信度检验结果

项目	评价指标	均值	标准差	Cronbach α
环保投资	A1. 企业针对环保设备与排污设备进行投资	1.64	0.972	0.843
	A2. 企业增加环保技术的研发投资	1.83	1.127	
环保运营	A3. 在生产中避免使用污染大的材料	1.63	1.028	0.874
	A4. 企业更倾向使用环保材料进行生产	1.61	0.926	
	A5. 企业优先使用可再生或低污染能源	1.66	0.939	
环境管理	A6. 企业设置了相应的环境绩效指标。	1.71	1.054	0.906
	A7. 企业制定了相关环境管理制度	1.61	0.992	
	A8. 企业的战略目标中，是否提到环保理念	1.63	0.983	
环保成果	A9. 企业取得环保认证，如 ISO14001 等	1.72	1.138	0.734
	A10. 与政府开展环境合作项目	1.94	1.162	
信息披露	A11. 企业定期对企业环境信息进行披露	1.93	1.160	—
量表整体信度值				0.929

进行因子分析前，需要对样本数据进行效度检验，确保其适合进行因子分析。在因子分析适用性检验中根据 KMO 值进行判断，KMO 值在 0 至 1 区间内，该值越趋近于 1，证明该变量的相关性越大，也就越适合做因子分析。KMO 值大于 0.9 时说明样本非常适合做因子分析，KMO 值小于 0.5 时说明样

本不适合做因子分析。Bartlett's 也能够验证数据是否适合做因子分析,当球形度检验统计量数值大且其概率小于显著性水平时,此时便适用于因子分析。

对 315 个有效样本数据进行因子分析适用性检验,如表 4-3 中结果所示,样本数据 KMO 值为 0.916,且球形度检验结果中 sig 小于 0.05,说明该有效样本适用因子分析法。

表 4-3　京津冀企业环境行为评价指标 **KMO** 和 **Bartlett** 的检验

KMO 值		0.916
Bartlett 的球形度检验	近似卡方	2702.962
	Df	55
	Sig.	0.000

4.4.2 设定评价指标

上节对量表信度的检验说明量表内 11 个问题适合作为评价指标,但还需对 11 个指标的相关性进行检验,需将相关系数小、显著性不高的指标予以剔除,最终确定京津冀企业环境行为评价指标。

京津冀企业环境行为评价指标相关性分析结果如表 4-4 所示,11 个指标相关系数较大,显著水平高,均在 0.01 水平上显著相关。因此,问卷中有关京津冀企业环境行为的 11 题所对应的评价指标为有效指标,无需剔除任何指标。

表 4-4　京津冀企业环境行为评价指标相关系数

	A1	A2	A3	A4	A5	A6	A7	A8	A9	A10	A11
A1	1										
A2	.737**	1									
A3	.621**	.641**	1								
A4	.547**	.571**	.751**	1							
A5	.497**	.631**	.628**	.723**	1						
A6	.606**	.631**	.580**	.671**	.651**	1					

	A1	A2	A3	A4	A5	A6	A7	A8	A9	A10	A11
A7	.589**	.595**	.554**	.635**	.616**	.800**	1				
A8	.513**	.558**	.548**	.626**	.613**	.715**	.777**	1			
A9	.514**	.591**	.429**	.456**	.377**	.605**	.581**	.546**	1		
A10	.550**	.590**	.451**	.523**	.510**	.633**	.590**	.653**	.580**	1	
A11	.568**	.636**	.470**	.523**	.543**	.643**	.657**	.592**	.634**	.720**	1

注：＊＊在 0.01 水平（双侧）上显著相关。

4.4.3 因子分析

对京津冀企业环境行为的 11 个评价指标提取主成分因子，如表 4-5 所示。若特征值大于 1，说明该因子为主成分因子，在结果中可提取 5 个主因子，且主因子的累计方差解释率超过一般水平，为 86.517%。

表 4-5　主成分分析结果

成分	初始特征值			提取平方和载入		
	合计	方差的%	累积%	合计	方差的%	累积%
1	6.979	63.442	63.442	2.388	21.710	21.710
2	.927	8.428	71.870	2.388	21.706	43.416
3	.709	6.446	78.316	1.894	17.217	60.633
4	.476	4.325	82.641	1.765	16.049	76.682
5	.426	3.876	86.517	1.082	9.835	86.517
6	.371	3.370	89.887			
7	.303	2.752	92.639			
8	.265	2.412	95.050			
9	.215	1.950	97.000			
10	.175	1.590	98.590			
11	.155	1.410	100.000			

根据表 4-6 得到主成分得分系数矩阵，列出各主成分评分方程如下：

F1 = 0.244 * A1 + 0.38 * A2 + 0.777 * A3 + 0.808 * A4 + 0.714 * A5 + 0.353 * A6 + 0.277 * A7 + 0.327 * A8 + 0.212 * A9 + 0.199 * A10 + 0.152 * A11 ⋯⋯（公式 4-1）

F2 = 0.287 * A1 + 0.201 * A2 + 0.191 * A3 + 0.353 * A4 + 0.365 * A5 + 0.69 * A6 + 0.801 * A7 + 0.752 * A8 + 0.304 * A9 + 0.327 * A10 + 0.296 * A11 ⋯⋯（公式 4-2）

F3 = 0.212 * A1 + 0.383 * A2 + 0.064 * A3 + 0.196 * A4 + 0.381 * A5 + 0.287 * A6 + 0.243 * A7 + 0.334 * A8 + 0.729 * A9 + 0.788 * A10 + 0.33 * A11 ⋯⋯（公式 4-3）

F4 = 0.843 * A1 + 0.679 * A2 + 0.414 * A3 + 0.157 * A4 + 0.188 * A5 + 0.291 * A6 + 0.277 * A7 + 0.143 * A8 + 0.276 * A9 + 0.223 * A10 + 0.233 * A11 ⋯⋯（公式 4-4）

F5 = 0.143 * A1 + 0.211 * A2 + 0.217 * A3 + 0.183 * A4 − 0.103 * A5 + 0.236 * A6 + 0.202 * A7 + 0.154 * A8 + 0.295 * A9 + 0.186 * A10 + 0.827 * A11 ⋯⋯（公式 4-5）

将上述五个方程结合表 4-5 的方差解释量可得到京津冀企业环境行为评价总得分计算方程，如下：

S1 = 0.251 * F1 + 0.251 * F2 + 0.199 * F3 + 0.186 * F4 + 0.113 * F5 ⋯（公式 4-6）

根据方程 F1 至方程 F5 可分别算出环保运营、环境管理、环保成果、环保投资及环境信息披露的得分，然后相应带入方程 S1 得到京津冀企业环境行为总得分，分值越高则说明企业环境行为越好。

表 4-6　主成分得分系数矩阵

	成分 1	成分 2	成分 3	成分 4	成分 5
A1	.244	.287	.212	.843	.143
A2	.380	.201	.383	.679	.211
A3	.777	.191	.064	.414	.217
A4	.808	.353	.196	.157	.183
A5	.714	.365	.381	.188	−.103
A6	.353	.690	.287	.291	.236
A7	.277	.801	.243	.277	.202
A8	.327	.752	.334	.143	.154
A9	.212	.304	.729	.276	.295
A10	.199	.327	.788	.223	.186
A11	.152	.296	.330	.233	.827

4.4.4 京津冀企业环境行为评价结果

通过第三节中得出的方程 S1，利用 Excel 计算出 315 家企业环境行为总得分，结果如表 4-7。

表 4-7　样本企业环境行为评价得分

企业编号	F1	F2	F3	F4	F5	S1
1	20.397	19.938	16.096	16.552	10.66	17.61044
2	16.003	13.291	10.571	12.812	6.341	12.55599
3	19.677	20.515	17.473	16.81	11.14	17.9508
4	18.573	19.572	17.075	16.253	10.769	17.21228
5	22.22	22.835	19.735	18.62	12.755	20.14071
6	22.22	22.835	19.735	18.62	12.755	20.14071
7	22.22	22.835	19.735	18.62	12.755	20.14071
8	19.593	20.169	17.428	16.932	11.436	17.89935
9	19.817	19.403	16.989	16.536	11.042	17.55777
10	20.054	20.835	17.272	15.894	11.467	17.95232
11	21.126	22.269	18.971	17.753	12.647	19.39854
12	20.983	21.385	18.966	17.953	11.543	19.05222
13	12.918	13.229	11.763	10.557	7.616	11.72794
14	21.231	22.34	18.942	17.93	12.243	19.42422
15	19.363	19.74	17.08	16.72	11.095	17.57743
16	20.558	20.956	18.157	16.577	11.071	18.3676
17	19.493	18.868	12.913	14.568	8.773	15.8993
18	18.101	18.496	15.827	15.223	9.401	16.22921
19	18.945	19.708	15.7	15.454	10.482	16.88511
20	18.457	19.71	16.409	15.33	10.594	16.89381
21	17.934	18.056	16.81	15.686	10.161	16.44447

企业编号	F1	F2	F3	F4	F5	S1
22	19. 677	20. 515	17. 473	16. 81	11. 14	17. 9508
23	17. 152	17. 78	15. 193	13. 374	9. 85	15. 39195
24	16. 5	15. 916	13. 837	13. 163	8. 658	14. 31665
25	20. 412	20. 346	18. 42	16. 967	11. 246	18. 3225
26	21. 046	21. 397	17. 234	16. 419	11. 202	18. 40252
27	18. 378	18. 003	15. 848	15. 4	11. 094	16. 40341
28	17. 776	18. 268	15. 788	14. 896	10. 204	16. 11256
29	12. 426	14. 706	12. 96	10. 783	6. 777	12. 16061
30	19. 677	20. 515	17. 473	16. 81	11. 14	17. 9508
31	18. 255	19. 316	16. 452	15. 272	11. 185	16. 80877
32	18. 86	20. 283	18. 09	16. 748	11. 857	17. 87977
33	20. 89	21. 627	18. 596	17. 692	12. 116	19. 03219
34	21. 688	22. 338	19. 022	17. 708	11. 717	19. 45361
35	20. 125	20. 726	18. 713	17. 598	12. 285	18. 63892
36	22. 22	22. 835	19. 735	18. 62	12. 755	20. 14071
37	20. 088	19. 154	16. 37	15. 708	10. 61	17. 22799
38	12. 038	13. 412	10. 951	10. 022	7. 723	11. 30399
39	12. 709	13. 446	11. 419	11. 066	7. 379	11. 72939
40	22. 22	22. 835	19. 735	18. 62	12. 755	20. 14071
41	12. 435	12. 09	11. 248	9. 736	6. 567	10. 94709
42	14. 197	13. 915	10. 24	11. 273	7. 764	12. 06798
43	18. 821	17. 772	14. 914	15. 006	10. 291	16. 10673
44	11. 786	13. 098	10. 662	9. 766	7. 047	10. 98041
45	18. 907	19. 149	16. 139	15. 601	10. 657	16. 86974
46	12. 269	15. 312	11. 694	10. 671	7. 879	12. 12507
47	15. 079	15. 185	13. 673	12. 314	8. 194	13. 53352

企业编号	F1	F2	F3	F4	F5	S1
48	18. 035	18. 884	15. 84	15. 483	10. 549	16. 4907
49	20. 396	19. 931	18. 15	17. 488	11. 439	18. 28129
50	12. 198	12. 122	11. 268	11. 068	7. 886	11. 29642
51	22. 008	22. 531	19. 006	18. 344	12. 46	19. 78145
52	20. 96	20. 865	17. 943	17. 284	11. 968	18. 63594
53	21. 869	22. 212	18. 617	18. 164	11. 742	19. 47446
54	22. 22	22. 835	19. 735	18. 62	12. 755	20. 14071
55	17. 335	18. 238	15. 655	13. 35	10. 643	15. 72993
56	20. 63	19. 834	16. 816	16. 244	10. 039	17. 65864
57	19. 434	20. 802	16. 871	17. 408	11. 579	18. 00288
58	11. 172	11. 418	9. 116	6. 455	4. 89	9. 233654
59	17. 776	18. 268	15. 788	14. 896	10. 204	16. 11256
60	17. 776	18. 268	15. 788	14. 896	10. 204	16. 11256
61	20. 342	19. 624	16. 315	16. 175	9. 144	17. 31997
62	22. 22	22. 835	19. 735	18. 62	12. 755	20. 14071
63	18. 127	17. 366	13. 148	13. 223	9. 583	15. 06755
64	17. 988	18. 572	16. 517	15. 172	10. 499	16. 47182
65	17. 626	17. 953	14. 207	14. 763	8. 995	15. 51988
66	17. 473	15. 481	14. 195	14. 81	7. 634	14. 71356
67	19. 955	20. 256	17. 993	16. 274	11. 001	17. 94365
68	11. 828	13. 178	11. 457	9. 255	6. 4	11. 00852
69	20. 771	20. 721	16. 888	16. 635	10. 173	18. 02816
70	11. 713	10. 644	10. 994	10. 502	6. 962	10. 53949
71	17. 988	18. 572	16. 517	15. 172	10. 499	16. 47182
72	21. 287	21. 617	18. 277	17. 427	12. 122	19. 01724
73	18. 382	20. 749	17. 397	16. 569	11. 051	17. 61448

企业编号	F1	F2	F3	F4	F5	S1
74	18.666	19.947	17.969	15.771	11.666	17.51936
75	19.004	20.309	16.96	16.838	10.914	17.60775
76	18.863	20.35	17.259	16.583	11.08	17.61348
77	19.243	20.551	17.642	17.262	11.291	17.98567
78	18.959	20.349	17.536	16.218	10.957	17.61066
79	20.724	21.05	17.779	17.687	11.889	18.65653
80	22.22	22.835	19.735	18.62	12.755	20.14071
81	12.436	12.145	12.523	12.105	8.649	11.89078
82	18.592	20.125	17.094	15.592	10.855	17.2464
83	18.972	20.326	17.477	16.271	11.066	17.61859
84	19.671	20.703	17.455	16.74	11.263	17.99378
85	19.786	21.151	17.06	16.607	11.122	18.01582
86	19.671	20.703	17.455	16.74	11.263	17.99378
87	19.671	20.703	17.455	16.74	11.263	17.99378
88	20.49	20.82	17.875	17.021	11.262	18.36445
89	20.403	20.874	17.523	16.83	11.712	18.30144
90	16.136	10.155	8.891	12.848	5.155	11.34059
91	19.807	20.617	17.626	16.576	11.331	18.01754
92	19.02	18.099	15.702	15.229	10.477	16.45806
93	19.853	19.984	16.189	15.855	10.324	17.33634
94	15.606	15.24	12.212	12.044	7.284	13.23581
95	14.931	16.218	15.776	13.088	10.196	14.54434
96	19.007	20.3	16.966	15.017	10.718	17.24659
97	20.799	21.517	18.637	17.61	12.493	19.01725
98	19.029	19.587	16.883	15.81	10.809	17.21441
99	17.17	19.4	16.857	15.923	11.557	16.80123

企业编号	F1	F2	F3	F4	F5	S1
100	22. 22	22. 835	19. 735	18. 62	12. 755	20. 14071
101	17. 072	19. 413	15. 9C9	13. 791	10. 782	16. 10712
102	16. 158	19. 388	16. 7C2	14. 732	10. 095	16. 12663
103	14. 381	16. 982	13. 035	12. 151	8. 168	13. 64915
104	19. 473	19. 723	15. 234	15. 472	10. 302	16. 91168
105	22. 22	22. 835	19. 735	18. 62	12. 755	20. 14071
106	17. 776	18. 268	15. 788	14. 896	10. 204	16. 11256
107	21. 657	21. 908	17. 888	17. 888	11. 447	19. 11521
108	22. 22	22. 835	19. 735	18. 62	12. 755	20. 14071
109	17. 472	17. 175	9. 967	9. 604	6. 107	13. 15627
110	5. 42	5. 715	4. 795	7. 096	3. 123	5. 421845
111	17. 776	18. 268	15. 788	14. 896	10. 204	16. 11256
112	20. 207	18. 493	16. 883	16. 789	11. 135	17. 45443
113	20. 717	20. 404	15. 041	16. 594	8. 908	17. 40762
114	17. 474	18. 487	15. 9C7	13. 098	10. 238	15. 80274
115	18. 701	20. 008	16. 422	14. 772	10. 137	16. 87701
116	22. 22	22. 835	19. 735	18. 62	12. 755	20. 14071
117	20. 715	19. 709	16. 134	17. 065	10. 187	17. 68231
118	12. 965	9. 864	8. 721	7. 846	5. 351	9. 529577
119	18. 418	19. 275	14. 089	13. 736	9. 637	15. 90853
120	22. 22	22. 835	19. 735	18. 62	12. 755	20. 14071
121	20. 405	19. 996	15. 932	15. 633	9. 878	17. 33507
122	21. 06	20. 927	15. 524	17. 219	10. 889	18. 0612
123	22. 22	22. 835	19. 735	18. 62	12. 755	20. 14071
124	22. 021	22. 508	18. 947	18. 397	12. 569	19. 78937
125	19. 601	19. 999	17. 49	16. 923	12. 038	17. 92808

企业编号	F1	F2	F3	F4	F5	S1
126	21.694	21.756	18.613	18.254	12.415	19.40808
127	10.53	12.343	10.523	7.3	6.511	9.928743
128	10.504	7.827	7.935	8.484	5.251	8.351533
129	18.258	17.69	15.001	15.734	10.115	16.07767
130	19.534	19.775	16.493	16.983	11.29	17.58327
131	22.22	22.835	19.735	18.62	12.755	20.14071
132	18.524	18.316	15.536	15.43	8.876	16.21147
133	4.444	4.567	3.947	3.724	2.551	4.028141
134	22.22	22.835	19.735	18.62	12.755	20.14071
135	22.22	22.835	19.735	18.62	12.755	20.14071
136	21.412	22.482	19.539	18.463	12.572	19.76041
137	21.84	22.634	19.352	17.941	12.544	19.76852
138	22.22	22.835	19.735	18.62	12.755	20.14071
139	21.046	21.397	17.234	16.419	11.202	18.40252
140	22.22	22.835	19.735	18.62	12.755	20.14071
141	17.145	16.777	15.258	14.328	9.766	15.31933
142	18.963	20.707	16.827	14.453	11.057	17.24344
143	16.888	17.441	15.476	13.618	9.814	15.33823
144	22.22	22.835	19.735	18.62	12.755	20.14071
145	22.22	22.835	19.735	18.62	12.755	20.14071
146	22.22	22.835	19.735	18.62	12.755	20.14071
147	22.22	22.835	19.735	18.62	12.755	20.14071
148	22.22	22.835	19.735	18.62	12.755	20.14071
149	20.834	21.093	16.505	16.143	10.907	18.04326
150	17.987	20.086	15.827	14.302	10.483	16.55065
151	20.421	21.316	18.915	17.998	12.473	18.99715

续表

企业编号	F1	F2	F3	F4	F5	S1
152	19. 029	19. 689	17. 232	15. 503	10. 55	17. 22309
153	20. 759	19. 673	17. 423	17. 22	10. 323	17. 98503
154	22. 22	22. 835	19. 735	18. 62	12. 755	20. 14071
155	22. 22	22. 835	19. 735	18. 62	12. 755	20. 14071
156	13. 738	19. 564	17. 552	15. 772	11. 464	16. 08067
157	16. 219	14. 739	9. 385	10. 879	5. 607	12. 29516
158	22. 22	22. 835	19. 735	18. 62	12. 755	20. 14071
159	18. 162	15. 813	13. 682	15. 244	9. 99	15. 2147
160	4. 444	4. 567	3. 947	3. 724	2. 551	4. 028141
161	22. 22	22. 835	19. 735	18. 62	12. 755	20. 14071
162	22. 22	22. 835	19. 735	18. 62	12. 755	20. 14071
163	17. 655	18. 415	14. 455	14. 727	10. 034	15. 80318
164	22. 22	22. 835	19. 735	18. 62	12. 755	20. 14071
165	19. 707	21. 137	17. 119	16. 05	11. 915	17. 99022
166	22. 22	22. 835	19. 735	18. 62	12. 755	20. 14071
167	21. 506	22. 47	19. 354	18. 432	12. 858	19. 77073
168	19. 112	22. 071	19. 479	16. 964	11. 887	18. 71179
169	13. 332	13. 701	11. 841	11. 172	7. 653	12. 08442
170	22. 22	22. 835	19. 735	18. 62	12. 755	20. 14071
171	21. 681	21. 779	18. 672	18. 201	12. 306	19. 40015
172	17. 204	16. 213	14. 109	14. 575	9. 639	14. 99552
173	17. 259	16. 674	13. 426	14. 911	9. 785	15. 06811
174	22. 22	22. 835	19. 735	18. 62	12. 755	20. 14071
175	22. 22	22. 835	19. 735	18. 62	12. 755	20. 14071
176	20. 474	20. 405	17. 615	17. 542	11. 455	18. 32324
177	21. 657	21. 908	17. 888	17. 888	11. 447	19. 11521

企业编号	F1	F2	F3	F4	F5	S1
178	15. 493	17. 414	14. 058	12. 624	8. 639	14. 38147
179	17. 776	18. 268	15. 788	14. 896	10. 204	16. 11256
180	22. 22	22. 835	19. 735	18. 62	12. 755	20. 14071
181	16. 969	17. 054	13. 729	13. 321	8. 753	14. 73864
182	22. 22	22. 835	19. 735	18. 62	12. 755	20. 14071
183	21. 033	21. 42	17. 293	16. 366	11. 093	18. 3946
184	22. 22	22. 835	19. 735	18. 62	12. 755	20. 14071
185	22. 22	22. 835	19. 735	18. 62	12. 755	20. 14071
186	22. 22	22. 835	19. 735	18. 62	12. 755	20. 14071
187	22. 22	22. 835	19. 735	18. 62	12. 755	20. 14071
188	13. 332	13. 701	11. 841	11. 172	7. 653	12. 08442
189	16. 753	17. 119	15. 681	13. 864	10. 257	15. 36014
190	19. 201	18. 92	17. 58	16. 838	11. 375	17. 48403
191	21. 623	21. 854	17. 371	17. 951	12. 197	19. 0867
192	14. 276	14. 085	12. 371	13. 75	6. 707	12. 89583
193	13. 504	15. 869	10. 922	10. 74	8. 296	12. 48119
194	16. 411	18. 718	16. 431	15. 831	9. 849	16. 14465
195	17. 776	18. 268	15. 788	14. 896	10. 204	16. 11256
196	20. 764	20. 435	15. 499	16. 584	8. 267	17. 44405
197	16. 296	15. 724	11. 807	13. 141	7. 352	13. 66162
198	15. 94	15. 394	12. 208	12. 775	8	13. 57438
199	22. 22	22. 835	19. 735	18. 62	12. 755	20. 14071
200	21. 596	22. 347	19. 14	17. 098	12. 401	19. 42009
201	22. 22	22. 835	19. 735	18. 62	12. 755	20. 14071
202	22. 22	22. 835	19. 735	18. 62	12. 755	20. 14071
203	22. 22	22. 835	19. 735	18. 62	12. 755	20. 14071

企业编号	F1	F2	F3	F4	F5	S1
204	22. 22	22. 835	19. 735	18. 62	12. 755	20. 14071
205	5. 646	5. 506	4. 752	5. 598	2. 734	5. 09497
206	9. 512	9. 622	8. 489	8. 97	5. 456	8. 776893
207	22. 22	22. 835	19. 735	18. 62	12. 755	20. 14071
208	15. 621	13. 957	11. 978	14. 731	8. 564	13. 5154
209	20. 277	19. 287	14. 2	16. 377	8. 254	16. 73519
210	11. 599	10. 154	9. 966	9. 505	5. 26	9. 805547
211	22. 22	22. 835	19. 735	18. 62	12. 755	20. 14071
212	16. 429	18. 006	15. 215	14. 451	9. 451	15. 42868
213	16. 927	18. 163	15. 163	14. 455	8. 596	15. 48501
214	22. 068	22. 539	19. 405	18. 387	11. 928	19. 8258
215	20. 056	21. 763	18. 304	17. 147	11. 958	18. 67966
216	22. 22	22. 835	19. 735	18. 62	12. 755	20. 14071
217	22. 22	22. 835	19. 735	18. 62	12. 755	20. 14071
218	22. 22	22. 835	19. 735	18. 62	12. 755	20. 14071
219	22. 22	22. 835	19. 735	18. 62	12. 755	20. 14071
220	21. 596	22. 347	19. 14	17. 098	12. 401	19. 42009
221	22. 22	22. 835	19. 735	18. 62	12. 755	20. 14071
222	22. 22	22. 835	19. 735	18. 62	12. 755	20. 14071
223	21. 866	22. 145	19. 448	18. 329	12. 519	19. 74075
224	22. 22	22. 835	19. 735	18. 62	12. 755	20. 14071
225	22. 22	22. 835	19. 735	18. 62	12. 755	20. 14071
226	15. 904	13. 245	10. 188	8. 803	6. 713	11. 73974
227	18. 653	19. 03	17. 667	16. 952	11. 964	17. 48103
228	21. 021	20. 996	15. 701	17. 06	10. 562	18. 03743
229	22. 22	22. 835	19. 735	18. 62	12. 755	20. 14071

企业编号	F1	F2	F3	F4	F5	S1
230	22. 22	22. 835	19. 735	18. 62	12. 755	20. 14071
231	13. 024	13. 688	11. 523	9. 519	6. 271	11. 47695
232	20. 44	19. 477	15. 373	16. 87	9. 831	17. 32712
233	16. 352	17. 132	15. 406	13. 703	9. 09	15. 04621
234	19. 225	18. 898	15. 877	15. 631	10. 536	16. 82633
235	22. 22	22. 835	19. 735	18. 62	12. 755	20. 14071
236	19. 266	19. 524	14. 607	15. 319	9. 584	16. 57541
237	22. 22	22. 835	19. 735	18. 62	12. 755	20. 14071
238	22. 22	22. 835	19. 735	18. 62	12. 755	20. 14071
239	15. 133	17. 295	14. 379	13. 188	8. 305	14. 39228
240	22. 22	22. 835	19. 735	18. 62	12. 755	20. 14071
241	22. 22	22. 835	19. 735	18. 62	12. 755	20. 14071
242	22. 22	22. 835	19. 735	18. 62	12. 755	20. 14071
243	22. 22	22. 835	19. 735	18. 62	12. 755	20. 14071
244	21. 106	21. 743	18. 682	16. 971	12. 097	18. 99638
245	21. 596	22. 347	19. 14	17. 098	12. 401	19. 42009
246	22. 22	22. 835	19. 735	18. 62	12. 755	20. 14071
247	22. 22	22. 835	19. 735	18. 62	12. 755	20. 14071
248	21. 869	22. 212	18. 617	18. 164	11. 742	19. 47446
249	22. 22	22. 835	19. 735	18. 62	12. 755	20. 14071
250	22. 22	22. 835	19. 735	18. 62	12. 755	20. 14071
251	10. 363	11. 188	8. 215	9. 501	6. 036	9. 49334
252	17. 414	17. 489	16. 079	14. 284	9. 683	15. 71138
253	6. 676	6. 106	6. 55	5. 331	3. 146	5. 858796
254	17. 353	17. 481	13. 681	15. 168	9. 496	15. 36015
255	22. 22	22. 835	19. 735	18. 62	12. 755	20. 14071

企业编号	F1	F2	F3	F4	F5	S1
256	22. 22	22. 835	19. 735	18. 62	12. 755	20. 14071
257	22. 22	22. 835	19. 735	18. 62	12. 755	20. 14071
258	22. 22	22. 835	19. 735	18. 62	12. 755	20. 14071
259	18. 508	18. 128	15. 278	15. 099	9. 989	16. 17313
260	22. 22	22. 835	19. 735	18. 62	12. 755	20. 14071
261	22. 22	22. 835	19. 735	18. 62	12. 755	20. 14071
262	22. 22	22. 835	19. 735	18. 62	12. 755	20. 14071
263	9. 1	9. 438	8. 623	7. 724	5. 397	8. 41554
264	20. 573	21. 252	17. 896	17. 239	12. 225	18. 64726
265	22. 22	22. 835	19. 735	18. 62	12. 755	20. 14071
266	21. 649	21. 796	19. 189	17. 634	12. 458	19. 41098
267	16. 008	18. 935	15. 779	9. 944	7. 163	14. 56972
268	22. 22	22. 835	19. 735	18. 62	12. 755	20. 14071
269	14. 621	10. 459	7. 513	7. 189	4. 201	9. 602034
270	8. 888	9. 134	7. 894	7. 448	5. 102	8. 056282
271	22. 22	22. 835	19. 735	18. 62	12. 755	20. 14071
272	12. 618	13. 336	11. 46	10. 984	7. 756	11. 71445
273	22. 22	22. 835	19. 735	18. 62	12. 755	20. 14071
274	22. 22	22. 835	19. 735	18. 62	12. 755	20. 14071
275	18. 583	19. 482	17. 847	16. 471	11. 655	17. 48649
276	22. 22	22. 835	19. 735	18. 62	12. 755	20. 14071
277	22. 22	22. 835	19. 735	18. 62	12. 755	20. 14071
278	22. 22	22. 835	19. 735	18. 62	12. 755	20. 14071
279	20. 114	20. 843	17. 671	15. 937	10. 935	17. 99667
280	22. 22	22. 835	19. 735	18. 62	12. 755	20. 14071
281	22. 22	22. 835	19. 735	18. 62	12. 755	20. 14071

续表

企业编号	F1	F2	F3	F4	F5	S1
282	22. 22	22. 835	19. 735	18. 62	12. 755	20. 14071
283	22. 22	22. 835	19. 735	18. 62	12. 755	20. 14071
284	22. 22	22. 835	19. 735	18. 62	12. 755	20. 14071
285	13. 82	14. 275	12. 265	12. 858	7. 939	12. 78128
286	19. 389	19. 251	17. 176	17. 108	11. 07	17. 54966
287	22. 22	22. 835	19. 735	18. 62	12. 755	20. 14071
288	21. 732	22. 261	19. 311	16. 934	12. 469	19. 44385
289	22. 22	22. 835	19. 735	18. 62	12. 755	20. 14071
290	22. 22	22. 835	19. 735	18. 62	12. 755	20. 14071
291	21. 869	22. 212	18. 617	18. 164	11. 742	19. 47446
292	21. 822	22. 181	18. 159	18. 174	12. 383	19. 43804
293	21. 068	21. 027	16. 159	17. 05	9. 921	18. 07386
294	22. 22	22. 835	19. 735	18. 62	12. 755	20. 14071
295	21. 552	21. 643	18. 016	17. 645	9. 979	18. 83673
296	19. 383	20. 379	17. 519	15. 794	10. 786	17. 62305
297	15. 192	17. 153	12. 515	12. 491	9. 203	13. 97235
298	13. 511	15. 082	12. 81	11. 694	8. 441	12. 85495
299	22. 22	22. 835	19. 735	18. 62	12. 755	20. 14071
300	18. 212	19. 924	16. 711	14. 913	10. 644	16. 87422
301	20. 518	19. 791	17. 429	16. 721	10. 83	17. 91983
302	13. 332	13. 701	11. 841	11. 172	7. 653	12. 08442
303	22. 22	22. 835	19. 735	18. 62	12. 755	20. 14071
304	22. 22	22. 835	19. 735	18. 62	12. 755	20. 14071
305	22. 22	22. 835	19. 735	18. 62	12. 755	20. 14071
306	15. 479	14. 314	12. 152	11. 698	7. 123	12. 87702
307	19. 828	20. 99	18. 452	16. 219	12. 085	18. 29961

企业编号	F1	F2	F3	F4	F5	S1
308	21. 856	22. 235	18. 676	18. 111	11. 633	19. 46654
309	22. 22	22. 835	19. 735	18. 62	12. 755	20. 14071
310	16. 318	19. 73	16. 681	13. 153	11. 882	16. 15669
311	22. 22	22. 835	19. 735	18. 62	12. 755	20. 14071
312	13. 332	13. 701	11. 841	11. 172	7. 653	12. 08442
313	22. 22	22. 835	19. 735	18. 62	12. 755	20. 14071
314	22. 22	22. 835	19. 735	18. 62	12. 755	20. 14071
315	22. 22	22. 835	19. 735	18. 62	12. 755	20. 14071

4.4.5 京津冀企业环境行为评价结果分析

（1）按地域比较

表4-8为不同区域企业环境行为得分情况表，图4-2所示为京津冀三地各自的企业环境行为得分平均值，从图中可以看出，河北地区的企业环境行为得分为17.55，高于其他两个地区。河北地区的制造业企业比例相较北京和天津地区更高，制造业行业对环境的污染大，地方环保部门对此格外重视。河北省近年来陆续出台了一系列的环境政策法规，覆盖交通、大气、乡村等方方面面。并且，河北省鼓励公众参与环保监督，从方方面面加强了对企业环境行为的规制，因此制造业企业更加关注自身的环境行为。

表4-8 不同区域企业环境行为得分情况表

地区	极小值	极大值	标准差	均值
北京市	9. 53	20. 14	2. 73	16. 95
天津市	5. 09	20. 14	3. 05	17. 05
河北省	4. 03	20. 14	3. 71	17. 55

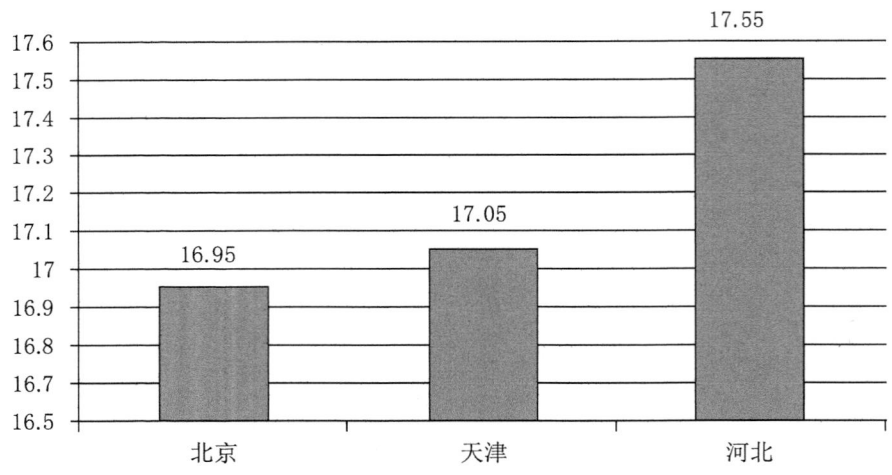

图4-2 不同地区企业环境行为得分平均值

（2）按企业存续时间比较

表4-9为不同存续时间的企业环境行为得分情况表，图4-3所示为不同存续时间企业的环境行为得分情况。如图所示，成立0年~3年的企业与成立50年以上的企业环境行为表现较好。随着社会对"绿色发展"的宣传，近期内成立的企业受到社会的影响，具有更环保的企业行为；成立时间大于50年的企业已经具备长远发展的战略目标，已将环保理念融入到企业发展中，因此具备更好的环境行为；而成立时间处于中期阶段的企业会由于财务状况等因素使其企业环境行为的实施受到制约。

表4-9 不同存续时间企业环境行为得分情况表

存续时间	极小值	极大值	标准差	均值
0年~3年	12.08	20.14	2.12	18.14
4年~10年	4.03	20.14	3.86	16.83
11年~50年	4.03	20.14	3.41	17.17
50年以上	11.48	20.14	2.59	17.93

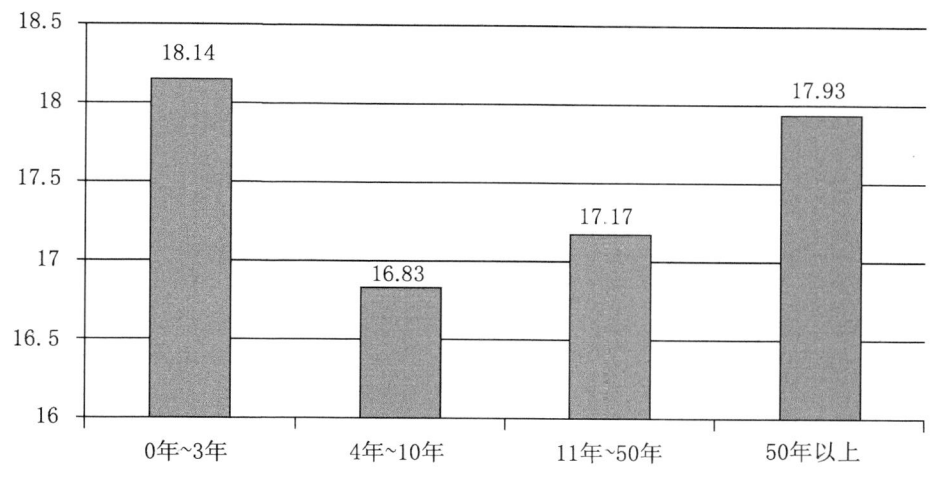

图 4-3 不同存续时间企业环境行为得分平均值

（3）按企业性质比较

表 4-10 为不同性质企业环境行为得分情况表，图 4-4 描述了不同性质的企业环境行为得分情况。如图所示，国有及国有控股和股份制企业的得分较高，分别为 18.09 和 17.13；外资企业、民营企业的得分较低，均小于 17 分，由此可见不同性质的企业对于国家政策的落实情况存在差异。另一方面，外资企业与民营企业更多地关注自身经济利益最大化，在承担社会责任方面并没有将其与企业经营理念相融合。

表 4-10 不同性质企业环境行为得分情况表

企业性质	极小值	极大值	标准差	均值
股份制企业	8.06	20.14	2.34	17.13
国有及国有控股	5.86	20.14	2.49	18.09
外资企业	5.09	20.14	4.10	16.65
民营企业	4.03	20.14	3.93	16.81

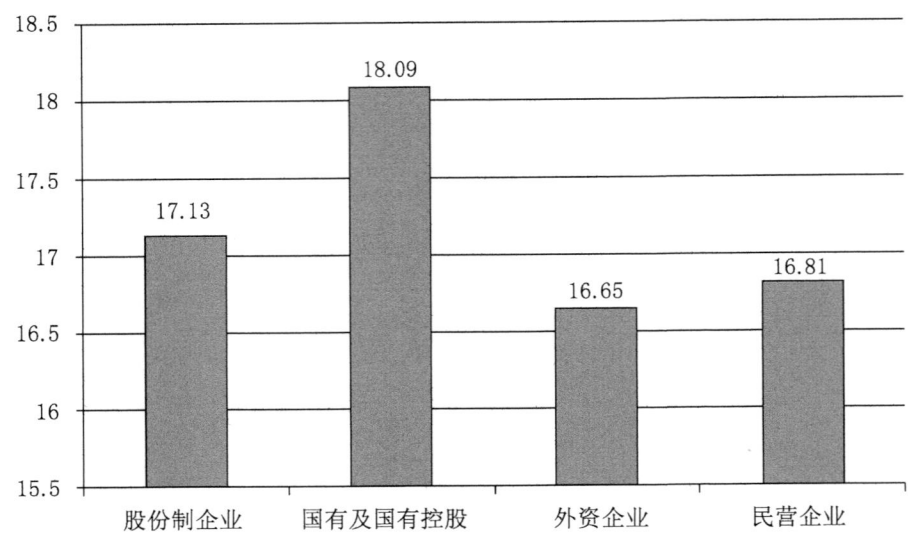

图 4-4 不同性质企业环境行为得分平均值

（4）按企业规模比较

本研究通过企业近三年年均营业收入衡量企业规模情况，表 4-11 为不同规模企业环境行为得分情况表。如图 4-5 所示，年均营业收入 5000 万元以上的企业环境行为表现最好，为 17.88 分，年均营业收入 100 万元以下的企业环境行为得分最低，为 15.92 分。整体来看，随着企业规模的扩大，企业对其环境影响更为关注。规模小的企业在市场中占有份额小，其行为并不能在社会中产生重大的影响；而规模越大的企业会更加关注其在市场中的企业形象及相应的品牌效应，为了维护其声誉会更加注重企业在社会中的影响，进而加强对企业环境的管理。

表 4-11 不同规模企业环境行为得分情况表

企业规模	极小值	极大值	标准差	均值
100 万元以下	4.03	20.14	5.29	15.92
101 万元~500 万元	11.71	20.14	2.74	17.58
500 万元~1000 万元	8.78	20.14	3.43	16.48

续表

企业规模	极小值	极大值	标准差	均值
1000 万元～5000 万元	8.35	20.14	2.88	16.88
5000 万元以上	4.03	20.14	2.88	17.88

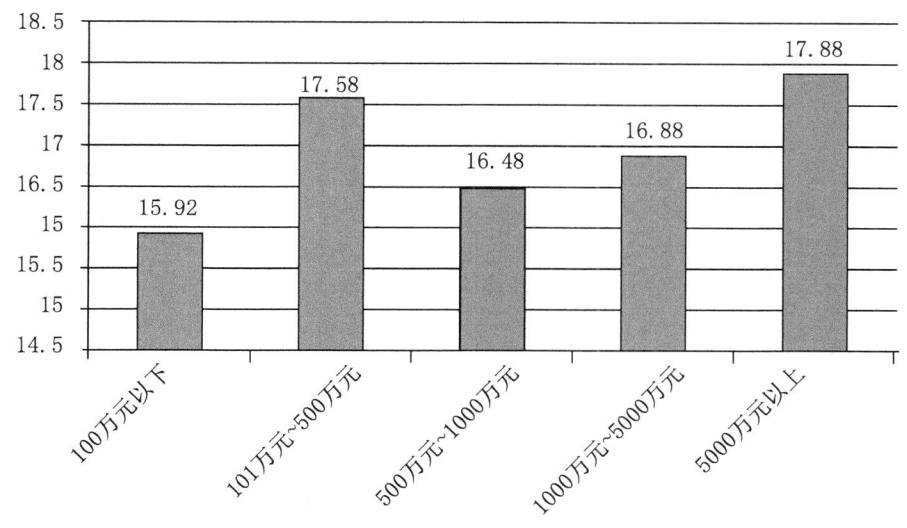

图 4-5　不同规模企业环境行为得分平均值

4.5 京津冀企业环境行为驱动因素实证分析

4.5.1 问卷信度及效度检验

　　京津冀企业环境行为驱动因素部分的问卷信度检验采用 Cronbach α 系数法，通常来说 α 系数越高，相应量表的可信度就越高。根据相关统计学知识，当 α 系数大于 0.7 时属于可以接受的范围，此时问卷具有较高的信度；而当 α 系数小于 0.35 时，则要拒绝相关问卷。

　　本篇共提出 5 个可能影响京津冀地区企业环境行为的驱动因素，根据因素的来源可分为外部因素和内部因素。其中，外部因素包括环境规制、利益相关者态度，内部因素包括财务状况、治理结构、企业雇员环保意识。根据回收的315份样本问卷进行分析，检测各驱动因素对应量表的信度，结果如表4-12所示。企业雇员环保意识的α值最高是0.937，接下来是利益相关者态度和财务状况。相比之下环境规制和治理结构α值略低，但均大于0.7，也具有较高信度。总量表α值为0.953，整体内部一致性较高，因此在分析影响因素时将每项影响因素观测值用平均数代替。

表4-12　信度检验结果

项目	极小值	极大值	均值	标准差	A
环境规制					0.767
B19 本省/市政府对企业实施的环境政策越来越严格	1	5	4.53	0.868	
B20 近年来，违反环境部门相关政策所遭受惩罚的力度越来越强	1	5	4.42	0.959	
B21 企业因实施环境行为获得过政府补贴或社会奖励	1	5	3.84	1.243	
B22 企业因环境治理获得税收优惠	1	5	3.89	1.208	
财务状况					0.821
B23 企业经济状况良好，资金可自由支配	1	5	4.3	1.033	
B24 企业年收入在同行业属于领先水平	1	5	4.14	1.005	
B25 企业可在需要时取得银行等金融机构融资	1	5	4.11	1.048	
治理结构					0.784
B26 本公司的股权结构较为集中	1	5	4.27	0.881	
B27 与同行业其他公司相比，本公司董事会规模较大	1	5	3.64	1.364	
B28 与同行业其他公司相比，企业独立董事的人数较多	1	5	3.52	1.394	
企业雇员环保意识					0.937
B29 管理层认同企业的环保投入虽提高生产成本，但会更有利于企业发展	1	5	4.26	1.014	
B30 管理层认同积极参加环保活动，会因此提升企业的形象	1	5	4.31	0.996	
B31 管理层认同绿色战略，在决策时倾向于更为环保的方案	1	5	4.26	1.039	

项目	极小值	极大值	均值	标准差	A
B32 企业对员工会进行环保知识普及，定期组织绿色讲座	1	5	4.01	1.172	
B33 员工了解企业的环保理念，并积极参与环境行为	1	5	4.17	1.080	
B34 员工在生产中注重污染等给自身健康带来的危害	1	5	3.99	1.200	
利益相关者态度					0.902
B35 本企业相关消费者更趋于选择更为环保的产品	1	5	4.23	1.028	
B36 投资者更关注企业社会责任报告	1	5	4.18	1.067	
B37 企业关注周边居民对企业环境问题的态度	1	5	4.23	1.062	
总量表					0.953

对 315 个有效样本数据进行效度检验，如表 4-13 中结果所示，样本数据 KMO 值为 0.947，且球形度检验结果中 sig 小于 0.05，说明该有效样本具有很高的效度。

表 4-13　京津冀企业环境行为驱动因素 KMO 和 Bartlett 检验

KMO 值		0.947
Bartlett 的球形度检验	近似卡方	5024.431
	Df	171
	Sig.	0.000

4.5.2 确定分析变量

本问卷的第四部分调查的是京津冀企业环境行为的驱动因素，分别为外部因素的环境规制、利益相关者态度及内部因素的财务状况、治理结构、企业雇员环保意识。

通过上一节的检验，在分析影响因素时将每项影响因素观测值用平均数代替。对于围绕着 5 个变量展开的检验，我们得到如下的描述性统计结果，如表 4-14 所示。

表4-14　变量描述性统计结果

变量	样本量	极小值	极大值	均值
环境规制	315	1	5	4.17
财务状况	315	1.33	5	4.18
治理结构	315	1	5	3.81
企业雇员环保意识	315	1	5	4.17
利益相关者态度	315	1	5	4.22

4.5.3 问卷自评偏好检验

在相关性分析和回归分析前，首先检验样本问卷是否具有自评偏好的情况。本问卷影响因素部分将通过主成分分析法来判断是否存在自评偏好情况，结果如表4-15所示，特征值第一的主因子方差解释量为31.8%，并不会解释大部分变量，因此不存在自评偏好问题，可进一步进行各驱动因素与京津冀企业环境行为的相关分析与回归分析。

表4-15　主成分分析结果

成分	初始特征值			提取平方和载入		
	合计	方差的%	累积%	合计	方差的%	累积%
1	10.751	56.586	56.586	6.050	31.844	31.844
2	1.573	8.281	64.867	2.922	15.380	47.224
3	1.143	6.015	70.882	2.252	11.855	59.079
4	.853	4.490	75.372	1.915	10.081	69.160
5	.706	3.716	79.088	1.886	9.928	79.088
6	.560	2.947	82.035			
7	.469	2.469	84.504			
8	.411	2.163	86.667			
9	.360	1.893	88.560			
10	.319	1.678	90.238			

成分	初始特征值			提取平方和载入		
	合计	方差的%	累积%	合计	方差的%	累积%
11	.310	1.630	91.868			
12	.235	1.237	93.105			
13	.222	1.171	94.276			
14	.218	1.147	95.424			
15	.205	1.079	96.502			
16	.194	1.023	97.525			
17	.173	.912	98.436			
18	.154	.811	99.247			
19	.143	.753	100.000			

4.5.4　相关性分析

为研究京津冀企业环境行为驱动因素，首先对 5 个可能驱动京津冀企业实施企业环境行为的因素与企业环境行为评价结果进行相关性分析，从而判断其相关性，分析结果如表 4-16。

在检验相关性时，如果得到的相关系数属于 0.8 至 1 区间内，说明该变量间高度相关，如果在 0.5~0.8 之间说明显著相关，在 0.3~0.5 区间内代表低度相关。本检验结果表明，利益相关者态度的相关系数为 0.806 大于 0.8，与企业环境行为高度相关；环境规制、财务状况、企业雇员环保意识与治理结构的相关系数均介于 0.5~0.8 之间，说明这些变量与企业环境行为有显著相关关系。

表 4-16　相关性分析结果

	S1	环境规制	财务状况	治理结构	企业雇员 环保意识	利益相关 者态度
S1	1					

续表

	S1	环境规制	财务状况	治理结构	企业雇员环保意识	利益相关者态度
环境规制	.753**	1				
财务状况	.721**	.677**	1			
治理结构	.523**	.556**	.633**	1		
企业雇员环保意识	.794**	.749**	.745**	.597**	1	
利益相关者态度	.806**	.716**	.721**	.506**	.898**	1

4.5.5 回归分析

在对京津冀企业环境行为驱动因素进行回归分析时，将京津冀地区企业环境行为得分作为因变量，上述五个驱动因素为自变量，构建多元回归模型见公式4-7。

$$EB = \beta_0 + \beta_1 ER + \beta_2 FS + \beta_3 GS + \beta_4 EAEP + \beta_5 AS + \varepsilon \quad \cdots\cdots\cdots\cdots\cdots\text{（公式 4-7）}$$

表 4-17　变量说明表

变量类型	变量名称	符号
被解释变量	企业环境行为	EB
解释变量	环境规制	ER
	财务状况	FS
	治理结构	GS
	企业雇员环保意识	EAEP
	利益相关者态度	AS

经检验，多元相关系数 R 为 0.862，可决系数 R 方为 0.734。具体回归结果如表4-18所示，其中治理结构的 p 值分为 0.441 大于 0.05，故没有通过 t 检验，予以剔除。环境规制、财务状况、企业雇员环保意识和利益相关者态

度均通过了检验，是京津冀企业环境行为主要驱动因素。

表 4-18 回归分析结果

	非标准化系数		标准系数	t	Sig
	B	标准误差			
（常量）	2.710	0.526		5.152	0.000
环境规制	0.988	0.185	0.245	5.341	0.000
财务状况	0.610	0.183	0.161	3.340	0.001
治理结构	-0.095	0.124	-0.030	-0.771	0.441
企业雇员环保意识	0.715	0.261	0.203	2.738	0.007
利益相关者态度	1.248	0.237	0.306	5.270	0.000

4.5.6 假设检验与分析

通过对回归结果的整理与分析，得出本篇提出假设的检验结果，如表 4-19 所示。通过对京津冀地区 315 家企业的问卷调查结果分析，通过检验的有假设 1、假设 2、假设 4 和假设 5，假设 3 没有通过检验。

假设 1：环境规制与京津冀企业环境行为的相关系数为 0.753，回归系数 0.245，且 t 检验结果在 0.05 水平上显著，P 值小于 0.05，可以得出环境规制是驱动京津冀地区企业实施环境行为的重要驱动因素。企业的环境规制与环境行为显著正相关，规制越强，受压下的企业会越积极地实施环境行为。

假设 2：企业财务状况与京津冀企业环境行为的相关系数为 0.721，回归系数 0.161，且 t 检验结果在 0.05 水平上显著，P 值小于 0.05，可以得出财务状况是驱动京津冀地区企业实施环境行为的重要驱动因素，且与环境行为显著正相关。企业所处财务状况良好时，会将更多的资金投入到环境管理当中，此时企业的环境行为更加积极。

假设 4：企业雇员环保意识与京津冀企业环境行为的相关系数为 0.794，回归系数 0.203，且 t 检验结果在 0.05 水平上显著，P 值小于 0.05，可以得出企业雇员环保意识是驱动京津冀地区企业实施环境行为的重要驱动因素，且与环境行为正相关。企业雇员是企业实际生产经营的主体，其环保意识强在生产中会更注重环境保护，也会将企业的环境行为往正确的方向推动，因此企业雇员环保意识越强，企业环境行为越好。

假设5：利益相关者态度与京津冀企业环境行为的相关系数为0.806，回归系数0.306，且t检验结果在0.05水平上显著，P值小于0.05，可以得出利益相关者态度是驱动京津冀地区企业实施环境行为的重要驱动因素，且与环境行为显著正相关。企业在市场竞争中越来越重视利益相关者的态度，投资者、消费者或企业周边居民的环境态度会间接影响企业对环境管理的态度，因此，利益相关者对环境的关注会驱动企业实施环境行为，利益相关者越关注环保，企业越倾向积极实施良好的环境行为。

假设3：治理结构与京津冀企业环境行为的相关系数为0.523，回归系数-0.030，未通过t检验。相关系数表明治理结构与京津冀地区企业环境行为具有较高的相关性，然而未通过回归检验说明其并不是驱动京津冀地区企业环境行为的重要因素。造成这一结果可能是由于本研究所收集到的样本问卷中，国有或集体企业约80家，占比不足三分之一，受访企业股权结构没有表现出明显的特点，因此导致检验结果不显著。在今后的研究中，可以针对股权结构进行细分，展开更具针对性的调查。

表4-19 假设检验结果汇总

	理论假设	检验结果
假设1	环境规制是京津冀地区企业环境行为的驱动因素之一，环境规制越强，越能促使企业采取更加积极主动的环境行为。	成立
假设2	财务状况是京津冀地区企业环境行为的驱动因素之一，财务状况越好的企业越倾向于采取积极的环境行为。	成立
假设3	治理结构是京津冀地区企业环境行为的驱动因素之一，股权集中度越高、董事会规模越大的企业越倾向于采取积极的环境行为。	不成立
假设4	企业雇员环保意识是京津冀地区企业环境行为的驱动因素之一，企业雇员环保意识强的企业越倾向于采取积极的环境行为。	成立
假设5	利益相关者是京津冀地区企业环境行为的驱动因素之一，利益相关者对环境保护的需求会促使企业采取积极的环境行为。	成立

结论与展望

5.1 研究结论

　　本研究以京津冀企业为对象进行调查，通过对 315 个样本数据进行分析，评价其企业环境行为。本篇借助因子分析法，通过环保运营、环境管理、环保成果、环保投资及环境信息披露等五个方面对京津冀企业环境行为进行评价。从计算结果可以看出，河北省的企业环境行为得分较高，说明河北地区制造业企业对于自身的环境行为更为关注。从企业存续时间来看，新成立及成立时间大于 50 年的企业环境行为表现最为优秀，而成立 4 年~10 年的企业对其环境行为的重视程度最低。从企业性质来看，股份制企业和国有及国有控股企业的环境行为明显好于其他类型企业，说明这两类企业在践行政府生态文明政策方面更为突出。企业规模方面，年均营业收入 100 万元以下的企业的环境行为评分最低，规模大于 100 万元的企业环境行为普遍较好，其中年均营业收入大于 5000 万元的企业环境行为得分最高，说明规模越大的企业越重视企业的可持续发展，将环保理念融入到公司的发展战略中。

　　本篇先对假设中的五个可能影响京津冀企业环境行为的驱动因素进行相关性检验，结果表明 5 个因素均具有较高的相关性。接下来，运用回归分析的方法分析上述 5 个驱动因素与京津冀企业环境行为的关系。在进行 t 检验的过程中发现，治理结构的 p 值大于 0.05，这个假设被拒绝。综上，得出京津冀企业环境行为的主要驱动因素为环境规制、财务状况、企业雇员环保意识和利益相关者态度。

5.2 政策建议

根据本篇第4章的京津冀企业环境行为调查及回归分析结果，未来应从强化政府环境规制、企业树立绿色发展理念和推进京津冀地区环境协同治理三个方面进行改进。

（1）强化政府环境规制。本研究证实了环境规制是京津冀企业环境行为的重要驱动因素，环境规制分为命令手段和激励手段两类方式，政府应从这两方面加强对企业环境行为的整治。一方面，政府应建立更为科学的环境规制体系。命令型环境规制可以对企业产生最为直接的威慑效应，违反相应的法律规章就会受到相应的惩罚，这就让企业在生产经营活动时不得不去考虑其对环境的影响，从而达到约束企业的环境行为的目的。另一方面，政府应加强政策激励。对企业环境行为持续改进的企业应及时给予相应的激励，鼓励其坚持绿色行为。可以设立相应的绿色信用等级，为环境行为良好的企业在招商引资、银行信贷等方面提供绿色通道；鼓励企业在发展的同时兼顾社会生态责任，对环保投入占营业收入比重高的企业减免部分税费。

（2）企业树立绿色发展理念。企业为了获得在市场上的可持续发展，就要在追求利润的同时承担起社会环保责任。首先，企业应端正对生态保护的认识，理解可持续发展的深刻意义。在推崇绿色发展的社会风气下，只有真正理解"绿色发展"的核心内涵才能在市场中获取核心竞争力。在进行环保投入时，企业要转变传统思想，满足利益相关者对于环境的关注，将外部的环境压力转化为企业的竞争优势，让企业在效益与责任方面实现双赢。其次，加强对企业管理者和员工的环保教育。本研究发现企业雇员环保意识是京津冀地区企业环境行为的重要驱动因素，今后企业应加强对管理层环保意识的灌输，促使其在进行决策及制定公司战略时融入环保理念。同时，企业应建立日常环境管理岗位，开展企业环境教育活动或定期培训，让企业绿色发展战略得到深入贯彻。再次，端正环境信息披露态度。目前京津冀地区已做到及时、准确披露社会责任报告的企业比例并不高，且部分企业环境信息披露内容过于简单。环境信息的披露一方面可以将企业内部为保护环境所做的贡献传达给外部信息使用者，另一方面也可以为政府、环保局等相关部门提供相应环境数据，成为推进环保工作的助力，同时起到与政府建立互利共治的桥梁的作用，最终为企业持续发展奠定基础。

（3）推进京津冀地区环境协同治理。通过对京津冀三地区企业环境行为现状的梳理，可以发现三地区在企业环境治理中表现出的各自特点。为更好地推进京津冀一体化的顺利进行，在环境治理过程中发挥区域共治的优势，在协同发展中实现优势互补，应采取如下措施：首先，调整产业结构。北京作为我国的首都应发挥其政治、文化、创新等复合型功能，因此可将传统制造业逐步向河北地区迁移。通过分地区对企业环境行为得分进行对比，河北省作为传统制造业发达的地区，所属企业相较其他地区更注重企业环境行为的管理。将传统制造业迁入河北地区不仅更便于政府或环保部门对企业环境行为的治理，同时也能促进制造业行业整体提升其企业环境行为。其次，推进环境联控，加大对环境的监控。京津冀三地环保部门已经签署了《京津冀区域环境保护率先突破合作框架协议》，明确了十方面突破口，增强环境联控。这就要求京津冀地区继续完善环境联控机制，陆续出台环境联控标准与法规，加强对环境联控和信息披露平台的监管，统一规划、统一标准、统一监测，打破地域限制，构建更好的"首都圈"。

5.3 研究局限与展望

由于研究存在数据获取、对象选取等方面的局限，数据分析及回归结果可能会存在一定的偏差，希望后续研究能在以下方面进行有针对性的改进。

（1）数据获取的局限性。本篇针对京津冀企业环境行为驱动因素的调查采用的是问卷调查法，由于人力和时间的限制，仅通过网络问卷的形式展开，获取的数据可能不够深入和全面。因此，未来在进一步研究的过程中可以丰富调查方式，如增加实地考察、走访问谈等形式，全面地研究企业环境行为的驱动因素并对企业环境行为进行评价。

（2）研究对象的局限性。本研究针对京津冀地区的企业，在选取研究对象时，考虑到各地区的现实情况及可操作性选取了以对环境影响较大的制造业企业为主的研究对象进行调查。然而，京津冀地区尤其是北京地区的企业类型十分丰富，制造业企业外的其他企业也都会对环境产生一定的影响，导致本研究结果的代表性减弱。在今后的研究中可以扩大研究范围，将其他行业也纳入到研究范围当中，分行业提出京津冀企业环境行为的驱动因素。

（3）考量指标的局限性。目前，有关企业环境行为并没有一套科学、详细的评价体系，因此在对京津冀地区企业环境行为评价时选取的指标不一定能完全准确地衡量企业环境行为的实际情况。因此，可以在今后对于企业环境行为评价体系进行更为深入的研究，建立更科学、合理的指标体系，为企业环境行为的研究奠定基础。

参考文献

［1］See A. B. Carroll, "A Three-Dimensional Conceptual Model of Corporate Performance", *Academy of Management Review*, Vol. 4, No. 4, 1979: pp. 497–505.

［2］See M. S. Schwartz, Carroll A. B., "Corporate Social Responsibility: A Three Domain Approach", *Business Ethics Quarterly* Vol. 13, No. 4, , 2003, : pp. 503–530.

［3］See D. J. Wood, "Corporate Social Performance", *Academy of Management Review*, Vol. 16, No. 4, 1991: 691–718.

［4］See D. Earnhart, "Regulatory Factors Shaping Environmental Performance at Publicly-Owned Treatment Plants", *Journal of Environmental Economics and Management*, Vol. 48, No. 1, 2004: pp. 655–681.

［5］See C. Parker, V. L. Nielsen, "Corporate Compliance Systems: Could They Make Any Difference?", *Administration & Society*, Vol. 41, No. 1, 2008: pp. 3–37.

［6］See P. Stalley, "Can Trade Green China? Participation in the Global Economy and the Environmental Performance of Chinese Firms", *Journal of Contemporary China*, Vol. 18, No. 61, 2009, pp. 567–590.

［7］See B. Scholtens, "Finance as a Driver of Corporate Social Responsibility", *Journal of Business Ethics*, Vol. 68, No. 1, 2006: pp. 19–33.

［8］See M. Khanna（et. al.）, "Toxics Release Information: A Policy Tool for Environmental Protection", *Journal of Environmental Economics and Management*, Vol. 36, No. 3, 1998: pp. 243–266.

［9］See F. Takeda, T. Tomozawa, "A Change in Market Responses to the Environmental Management Ranking in Japan", *Ecological Economics*, Vol. 67, No. 3, 2008: pp. 465–472.

［10］See Y. Hayami, "Assessment of the Green Revolution", in C. K. Eicher, J. M. Staatz. eds: *Agricultural Development in the Third World*, Baltimore Md: Johns Hopkins University Press, 1984.

［11］See M. Stanojevic, S. Vranes, I. Goekalp, "Green accounting for greener energy", *Renewable and Sustainable Energy Reviews*, Vol. 14, No. 9, 2010: pp. 2473–2491.

［12］ See E. Blanco, J. Rey-Maquieira, J. Lozano, "The Economic Impacts of Voluntary Environment Performance of Firms: A Critical Review", *Journal of Economic Surveys*, Vol. 23, No. 3, 2009, pp. 462~502.

［13］ See G. Theyel, "Management practices for environmental innovation and performance", *International Journal of Operations&Production Management*, Vol. 20, No. 2, 2000, pp. 249-266.

［14］ See M. Cordano, I. H. Frieze, "Pollution Reduction Preferences of U. S. Environmental Managers: Applying Ajzen's Theory of Planned Behavior", *Academy of Management Journal*, Vol. 43, No. 4, 2000, pp. 627-641.

［15］ See O. Branzei (et al.), "The Formation of Green Strategies in Chinese Firms: Matching Corporate Environmental Responses and Individual Principals", *Strategic Management Journal*, Vol. 25, No. 11, 2004, pp. 1075~1095.

［16］ 参见周曙东："企业环境友好行为驱动因素的实证分析", 载《系统工程》2011年第 8 期。

［17］ 参见陈兴荣、刘鲁文、余瑞祥："企业主动环境行为驱动因素研究—基于 PANEL-DATA 模型的实证分析", 载《软科学》2014 年第 3 期。

［18］ 参见陈怡秀、胡元林："重污染企业环境行为影响因素实证研究", 载《科技管理研究》2016 年第 13 期。

［19］ 参见王凤、程志华："员工环境行为对企业环境行为影响的实证研究", 载《西北大学学报（哲学社会科学版）》2015 年第 2 期。

［20］ 参见张劲松："资源约束下企业环境行为分析及对策研究", 载《企业经济》2008 年第 7 期。

［21］ 参见陶岚、郭锐："企业环境管理行为的驱动因素分析—基于制度合法性理论", 载《理论月刊》2013 年第 12 期。

［22］ 参见邹伟进、裴宏伟、王进："基于委托代理模型的企业环境行为研究", 载《中国人口·资源与环境》2014 年第 S1 期。

［23］ 参见李朝芳："企业环境行为的价值实现机理研究—基于制度环境的过程分析", 载《技术经济与管理研究》2015 年第 2 期。

［24］ 参见姚圣："环境会计控制与企业环境业绩关系研究", 载《管理学报》2010 年第 8 期。

［25］ 参见杨家亲："浅论企业环境成本管理与环境投资决策", 载《经济问题》2005 年第 9 期。

［26］ 参见秦颖、武春友、徐光："企业行为与环境绩效之间关系的相关性分析与实证研究", 载《科学学与科学技术管理》2004 年第 2 期。

［27］ 参见贺震、倪艳玲："江苏：企业环境行为评价助推绿色信贷", 载《环境保护》

2010 年第 22 期。

［28］参见周英男、李振华：“上市公司环境行为评价模型研究”，载《中国人口·资源与环境》2014 年第 S2 期。

［29］参见罗文兵、刘爱东、邓明君：“我国重污染行业上市公司环境经营等级评价研究构思”，载《中南大学学报（社会科学版）》2013 年第 1 期。

［30］See J. M. Hines, H. R. Hungerford, A. N. Tomera, "Analysis and Synthesis of Research on Responsible Environmental Behavior: A Meta-Analysis", *Journal of Environmental Education*, Vol. 18, No. 2, 18（2）, pp. 1-8.

［31］See R. Sarkar, "Public Policy and Corporate Environmental Behavior: a Broader View", *Corporate Social Responsibility and Environmental Management*, Vol. 15, No. 5, pp. 281-297.

［32］参见王凤、王爱琴：“企业环境行为研究新进展”，载《经济学动态》2012 年第 1 期。

［33］参见周曙东：“两型社会建设中企业环境行为的驱动力研究”，载《求索》2013 年第 5 期。

［34］See D. Wheeler, S. Maria, "Including the Stakeholders: the Business Case", *Long Range Planning*, Vol. 31, No. 2, 1998, pp. 201-210.

［35］参见赵领娣、巩天雷：“浅谈企业环境战略制约因素”，载《中国标准化》2003 年第 12 期。

［36］参见彭海珍：“影响企业绿色行为的因素分析”，载《暨南学报（哲学社会科学版）》2007 年第 2 期。

［37］See W. B. Gray, R. J. Shadbegian, "When and Why Do Plants Comply? Paper Mills in the 1980s", *Law and Policy*, Vol. 27, No. 2, 2005, pp. 238-261.

［38］See M. Frondel, J. Horbach, K. Rennings, "End-of-pipe or Cleaner Production? An Empirical Comparison of Environmental Innovation Decisions Across OECD countries", *Business Strategy and the Environment*, Vol. 16, No. 8, 2007, pp. 571-584.

［39］See S. E. S. Crawford, E. Ostrom, "A Grammar of Institutions", *American Political Science Review*, Vol. 89, No. 3, 1995: pp. 582-600.

［40］参见郭毅等：“营销渠道中的制度环境”，载《广东商学院学报》2006 年第 1 期。

［41］See G. Qi（et. al.）"Role of Internalization Process in Defining the Relationship between ISO 14001 Certification and Corporate Environmental Performance", *Corporate Social Responsibility and Environmental Management*, Vol. 19, No. 3, 2012, pp. 129-140.

［42］See S. L. Hart, "A Natural-Resource-Based View of the Firm", *Academy of Management Review*, Vol. 20, No. 4, 1995, pp. 986-1014.

［43］See G. Papagiannakis, S. Lioukas, "Values, Attitudes and Perceptions of Managers as Predictors of Corporate Environmental Responsiveness", *Journal of Environmental Management*, Vol. 100, 2012, pp. 41-51.

［44］See S. L. Hart, "Beyond greeening: strategies for a sustainable world", *Harvard Business Review*, Vol. 75, No. 1, 1997, pp. 66-76.

［45］参见张倩、曲世友："环境规制下政府与企业环境行为的动态博弈与最优策略研究"，载《预测》2013 年第 4 期。

［46］参见关劲峤等："太湖流域印染业企业环境行为分析"，载《湖泊科学》2005 年第 4 期。

［47］参见赵娜："公司治理与企业社会责任关系研究——基于中国上市公司"，华东师范大学 2009 年硕士学位论文。

［48］参见和苏超、黄旭、陈青："管理者环境认知能够提升企业绩效吗—前瞻型环境战略的中介作用与商业环境不确定性的调节作用"，载《南开管理评论》2016 年第 6 期。

［49］See J. L. Robertson, J Barling, "Greening Organizations Through Leaders' Influence on Employees' Pro-Environmental Behaviors", *Journal of Organizational Behavior*, Vol. 34, No. 2, 2013, pp. 176-194.

［50］参见卢秋声、干胜道："基于利益相关者预期的企业环境会计信息披露研究"，载《广西社会科学》2015 年第 11 期。

京津冀企业环境行为驱动因素调查问卷

尊敬的先生/女士：

您好！感谢您能抽取宝贵的时间填写本份问卷，本人为北方工业大学经济管理学院的硕士研究生，目前正处于学位论文的研究阶段。该问卷属于"京津冀企业环境行为驱动因素分析"研究的重要组成部分，特向您了解相关情况。本问卷答案无对错之分，请您根据实际情况填写，调查结果仅做研究之用，不会用于其他商业用途，我们会对问卷结果进行严格的保密，再次感谢您的配合！

填写说明：本问卷共 37 题，请您认真阅读每一选项后，选择与您企业最为贴近的一项，并在选项前方的□内打√。

一、企业基本情况

1. 企业名称：＿＿＿＿＿＿＿＿＿＿＿＿＿
   所属省/市：□北京　□天津　□河北
2. 企业存续时间：□0 年~3 年　□4 年~10 年　□11 年~50 年　□50 年以上
3. 企业所属行业：□制造业　□其他（请注明）
4. 企业类型：□国有及国有控股　□民营企业
   □股份制企业　□外资企业
5. 企业近三年的年均营业收入（单位：人民币）：
   □100 万元以下　□101 万元~500 万元　□500 万元~1000 万元
   □1000 万元~5000 万元　□5000 万元以上
6. 您在企业中的职位是：□高级管理人员　□其他管理人员
7. 您的性别是：□男　□女

二、企业环境行为实施情况

8. 企业针对环保设备与排污设备进行投资。
　　□完全符合　□基本符合　□不确定　□基本不符合　□完全不符合
9. 企业增加环保技术的研发投资。
　　□完全符合　□基本符合　□不确定　□基本不符合　□完全不符合
10. 在生产中避免使用污染大的材料。
　　□完全符合　□基本符合　□不确定　□基本不符合　□完全不符合
11. 企业更倾向使用环保材料进行生产。
　　□完全符合　□基本符合　□不确定　□基本不符合　□完全不符合
12. 企业优先使用可再生或低污染能源。
　　□完全符合　□基本符合　□不确定　□基本不符合　□完全不符合
13. 企业设置了相应的环境绩效指标。
　　□完全符合　□基本符合　□不确定　□基本不符合　□完全不符合
14. 企业制定了相关环境管理制度。
　　□完全符合　□基本符合　□不确定　□基本不符合　□完全不符合
15. 企业的战略目标中，是否提到环保理念。
　　□完全符合　□基本符合　□不确定　□基本不符合　□完全不符合
16. 企业取得环保认证，如 ISO14001 等。
　　□完全符合　□基本符合　□不确定　□基本不符合　□完全不符合
17. 与政府开展环境合作项目。
　　□完全符合　□基本符合　□不确定　□基本不符合　□完全不符合
18. 企业定期对环境信息进行披露。
　　□完全符合　□基本符合　□不确定　□基本不符合　□完全不符合

三、企业环境行为驱动因素

19. 本省/市政府对企业实施的环境政策越来越严格。
　　□完全符合　□基本符合　□不确定　□基本不符合　□完全不符合
20. 近年来，违反环境部门相关政策所遭受的惩罚力度越来越强。
　　□完全符合　□基本符合　□不确定　□基本不符合　□完全不符合

21. 企业因实施环境行为获得过政府补贴或社会奖励。
　　□完全符合　　□基本符合　　□不确定　　□基本不符合　　□完全不符合
22. 企业因环境治理获得税收优惠。
　　□完全符合　　□基本符合　　□不确定　　□基本不符合　　□完全不符合
23. 企业经济状况良好，资金可自由支配。
　　□完全符合　　□基本符合　　□不确定　　□基本不符合　　□完全不符合
24. 企业年收入在同行业属于领先水平。
　　□完全符合　　□基本符合　　□不确定　　□基本不符合　　□完全不符合
25. 企业可在需要时取得银行等金融机构融资。
　　□完全符合　　□基本符合　　□不确定　　□基本不符合　　□完全不符合
26. 本公司的股权结构较为集中。
　　□完全符合　　□基本符合　　□不确定　　□基本不符合　　□完全不符合
27. 与同行业其他公司相比，本公司董事会规模较大。
　　□完全符合　　□基本符合　　□不确定　　□基本不符合　　□完全不符合
28. 与同行业其他公司相比，企业独立董事的人数较多。
　　□完全符合　　□基本符合　　□不确定　　□基本不符合　　□完全不符合
29. 管理层认同企业的环保投入虽提高生产成本，但会更利于企业发展。
　　□完全符合　　□基本符合　　□不确定　　□基本不符合　　□完全不符合
30. 管理层认同积极参加环保活动，会因此提升企业形象。
　　□完全符合　　□基本符合　　□不确定　　□基本不符合　　□完全不符合
31. 管理层认同绿色战略，在决策时倾向于更为环保的方案。
　　□完全符合　　□基本符合　　□不确定　　□基本不符合　　□完全不符合
32. 企业对员工会进行环保知识普及，定期组织绿色讲座。
　　□完全符合　　□基本符合　　□不确定　　□基本不符合　　□完全不符合
33. 员工了解企业的环保理念，并积极参与环境行为。
　　□完全符合　　□基本符合　　□不确定　　□基本不符合　　□完全不符合
34. 员工在生产中注重污染等给自身健康带来的危害。
　　□完全符合　　□基本符合　　□不确定　　□基本不符合　　□完全不符合
35. 本企业相关消费者趋于选择更为环保的产品。
　　□完全符合　　□基本符合　　□不确定　　□基本不符合　　□完全不符合

36. 投资者更关注企业社会责任报告。

　　□完全符合　　□基本符合　　□不确定　　□基本不符合　　□完全不符合

37. 企业关注周边居民对企业环境问题的态度。

　　□完全符合　　□基本符合　　□不确定　　□基本不符合　　□完全不符合

下　篇

京津冀企业环境价值观的行为效果

提要

企业环境价值观的优劣必定表现为不同价值取向的企业环境行为，本篇在对"京津冀企业环境价值观问卷调查"和"京津冀企业环境价值观的影响因素"进行研究的基础上，从环境管理水平、环境守法水平、节能减排情况、社会公众影响四个方面对构建京津冀地区上市公司企业环境行为进行了数据分析，以评价京津冀企业环境价值观的行为效果。本篇以环境管理学理论、可持续发展理论、经济外部性理论为理论基础，通过梳理与分析国内外学者对于环境绩效、环境行为、环境管理方面的研究成果，根据京津冀地区上市企业面临的环境问题以及三个地区主要产业分布比例的特点和城乡发展不均衡、三地区发展不均衡等地域特点，从环境管理水平、环境守法水平、节能减排情况、社会公众影响四个方面构建京津冀地区上市公司的环境行为评价指标体系，在前人研究的基础上具体设计9个二级指标来构建评价体系，根据指标搜集企业相关的环境信息并进行量化。应用层次分析方法确定评价指标权重，构建京津冀地区上市企业的综合评价模型，计算出得分，总结分析京津冀三个地区企业的环境管理情况。研究发现，三个地区中总分得分最高的为北京地区企业，得分为60.53分，其次为河北地区企业，得分为60.05分，最差的为天津地区企业，为54.92分。造成三个地区企业之间得分不同的原因有两点：一是三个地区产业分布的差异；二是政府对三地区企业环境行为监管力度不同。为此本篇从政府和企业两个角度提出相关政策建议，来提高京津冀企业环境行为水平，让更多的企业自觉进行环境管理，做到经济效益与环境保护协调发展，促进京津冀一体化发展，解决京津冀"一体化污染"问题。

绪 论

1.1 研究背景与意义

2013 年至 2014 年两年期间，习近平多次提出，要推进京津冀一体化发展，促进京津冀协同发展。近几年来京津冀地区的经济得到了飞速发展，人们的生活水平也得到了极大的提高，但是随之而来的是环境污染问题日渐突出，并且已经严重威胁到人们日常的生产生活。企业的发展难免会对环境造成污染和破坏，但这样不利于一个企业，甚至一个国家的可持续发展，因此应当重视企业带来的环境问题。随着生活水平的提高，公众对于生活和生产环境的要求也越来越高，公众自身的社会责任感和环保意识也会随之提高，他们了解企业环境行为信息的意愿越来越强烈，希望企业接受监督的愿望越来越迫切。因此应当将企业的相关环境信息进行披露，通过政府制定严谨科学的企业环境行为评价体系进行评级，将评价的结果以一定的形式向社会公开，为消费者、投资者和社会公众等利益团体进行决策提供基础。通过政府管制带来的政策的压力、媒体的报道带来的舆论压力、消费者选择产品带来的市场压力、投资者借贷责任带来的经济压力，来影响、改善企业环境行为，将环境破坏行为转变为环境保护行为。此外，还要帮助企业管理者制定环保措施，突出企业环境管理的重点，关注企业的环境风险。努力实现京津冀一体化发展，并且要努力避免京津冀"一体化污染"。那么如何更好地评价企业环境行为就成为当今研究重点。

在当前经济发展与环境发展不相匹配的背景下，政府部门的重点工作是完善相关的法律法规。近几年来政府做了相关方面的努力，通过制定环境方面的法律法规，调整京津冀地区产业结构，积极引进人才及绿色生产技术，促使企业加强环境治理，进而改善企业带来的环境影响。但是企业环境治理还有很大的提升空间，有些重污染企业还做不到绿色生产，甚至做不到达标排放，更有甚者私自设置排污管道，乱排乱放。由于政府的监管有限，有时不能及时发现这些问题，我们可以予以理解，但是在群众发现这些问题之后却无处投诉这些企业，甚至投诉之后相关部门不能及时处理，导致这几年由环境污染引发的纠纷和投诉事件越来越多，因此加强环境行为评价方面法律法规的建设是十分迫切的。对企业环境管理的监管不仅可以通过政府的法律法规来进行，还可以设定一定的环境行为评价机制，将评价结果公开，利用社会各界的监督来增加企业的压力，从而注重环境保护。让企业形成倡导绿色生产、倡导可持续发展的意识，在进行节能减排的同时加强企业员工的环保意识，让最了解生产过程的员工参与到企业的绿色生产中来，从源头解决企业污染问题。

本篇的理论意义在于：有利于促进企业环境行为及评价理论的完善和发展，为政府进行企业环境监管提供理论基础。国外在这方面的研究起步较早，成果较多，但是国内对企业环境行为的评价所做的研究较少，起步较晚，对企业，特别是京津冀地区企业的环境行为研究更少，近些年来有关的研究才有了较快发展，所以我国在企业环境行为的研究上还有很大的进步空间，需要以后学者的研究来进行不断的扩充。

本篇的实践意义在于：一是有利于京津冀地区企业的平稳长久发展。在京津冀地区开展企业环境行为评价，有利于促进企业环境管理体系的完善，实现自然资源更高效的利用以及三个地区资源的合理分配，促进三个地区协同发展。京津冀地区企业可以更好地利用此模型的评价作用，来实现三个地区企业的经济效益和环境保护的协同发展；二是有利于京津冀地区环境的保护和污染治理。近几年环境问题严重恶化，尤其是京津冀地区长期处在雾霾污染之下，进行环境管理是企业的必行之路。虽然政府已经逐渐意识到企业是环境污染的主要原因，并开始关注企业带来的环境问题，但是企业自身的环保意识还比较缺乏，在环境保护方面和环境污染治理方面所做的努力还有极大的上升空间。本篇的研究有利于企业了解自身环境管理现状，进而改善自己的环境行为，提高资源利用率，达到治理污染的目的。

1.2 研究内容与方法

本篇所研究的主要内容为京津冀企业环境行为综合评价，在对前人研究内容进行梳理分析的基础上构建了指标体系，采用层次分析法确定指标权重，建立京津冀环境行为评价模型，并对京津冀三个地区上市企业进行评分，最后根据评分结果分析三地区企业亟需改进之处，并提供相关政策建议。

1.2.1 研究内容

本篇主要分为五个部分：

（1）绪论。这部分首先介绍了本篇的研究背景及意义，然后对本篇的研究内容和方法也进行了简单的介绍，最后说明了研究创新点。

（2）企业环境行为评价概述。这部分首先对企业环境行为和评价的概念进行了界定，并介绍了本篇进行研究所依据的理论基础。然后对企业环境行为的评价方法进行了整理，并分析其优缺点。最后对国内关于企业环境行为评价的研究成果进行梳理和学习，并给予了客观的评价。

（3）京津冀企业环境行为评价模型的构建。这一部分在理论分析的基础上，选取了企业环境行为评价的相关指标，并确定指标所占的比重，最后建立了本篇的评价模型。

（4）京津冀企业环境行为评价的数据分析。查看企业年度报告和社会责任报告，收集与京津冀企业环境行为相关的数据信息，选取京津冀地区企业环境信息样本数据，统计所发布的项目信息，对各项目信息进行跟踪搜集并整理，进行企业环境行为评价的实证研究，并对实证结果进行详细分析，得出三地企业环境行为的优势或缺陷。

（5）研究结论与建议。根据本篇第四部分的数据分析，在京津冀一体化的大背景下，协调区域差异，从政府和企业的角度提出政策建议，以优化京津冀企业的环境行为，实现区域经济的绿色和可持续发展。

1.2.2 技术路线

本篇按照以下技术路线进行研究，在梳理前人研究成果的基础上制定本篇的评价模型。进而对京津冀三地区企业的环境行为进行研究，得出结论，并针对三个地区提出相关建议。

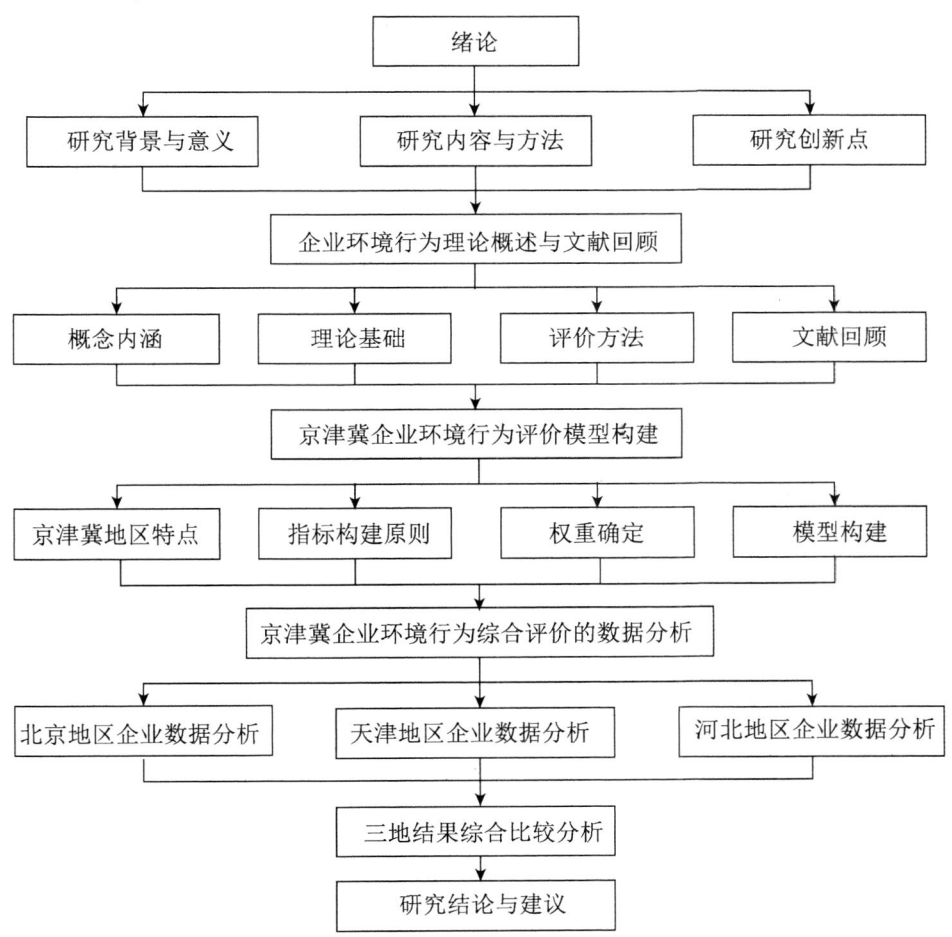

1.2.3 研究方法

（1）文献研究法。通过对国家环保部门发布的环境保护文件和国内外学者研究的相关文献进行阅读、整理，对企业环境行为的发展现状有了初步了解，总结之前研究过程和研究结论的优缺点，为本篇后续的研究奠定了一定的基础。

（2）数据分析法。本篇使用数据分析的方法分析了本篇选取的京津冀企业环境行为指标，对京津冀地区企业环境行为进行打分，以此来进一步了解京津冀企业环境行为的现状和不足。通过数据分析也可以看到三个地区企业在某些环境行为上还有待改善。

（3）对比分析法。企业环境行为是一个复杂的问题，受很多因素的影响，尤其是京津冀三个地区的企业，受到三地区不同的国家政策、不同产业布局和内部经济发展不均衡特点的影响。本篇最后对三地区企业环境行为评分的不同结果进行了对比分析，并提出了相关政策建议。

1.3 研究创新点

企业环境行为问题是一个复杂的问题，既涉及到财务指标也涉及到非财务指标，所以本篇同时使用了定性分析和定量分析的方法，对企业环境行为的综合评价更加全面。为了降低定性分析的主观性影响，使结果更加科学客观，本篇使用了层次分析法来对每个指标进行权重确定，减少定性分析对研究结果的影响，使得文章结果更加客观科学。

企业环境行为理论概述与文献回顾

2.1 企业环境行为及其评价的内涵

本章首先梳理前人对企业环境行为和企业环境行为评价的定义，并阐述了进行企业环境行为评价所依据的理论基础。然后分析现阶段的政府或者学者进行企业环境行为评价时常用到的方法：层次分析法、平衡记分卡法、人工神经网络法、模糊评价法四种方法。分析这四种方法的优缺点及适用范围，从而确定本篇在进行京津冀企业环境行为评价时所用的评价方法为层次分析法，为本篇京津冀企业环境行为评价模型的建立奠定理论基础。

2.1.1 企业环境行为

学术界目前对企业环境行为还没有一个明确的界定，"企业环境行为""企业绿色行为""企业亲环境行为"在一些文献中都有出现。美国国家环保局对"企业环境行为"的定义是企业出于自愿原则或者被强制采取的用来改善环境管理体系和治理污染的行为。[23]欧盟委员会（2002）认为，企业环境行为是指企业本着自愿的原则，承诺为促进社会和环境目标而采取的行动。Chen 和 Yi（2010）在文章中将"企业绿色行为"定义为企业为治理所引发的环境问题而采取的各种措施，具体包括主动降低能源消耗、使用清洁生产技术、处理废弃物、采购生态友好型产品、减少废弃物排放、使用可再生产包装或者容器等。学者在文章中将"企业亲环境行为"定义为企业所做的有利于减轻对环境产生的危害，或者是做出的对环境有益的行为。[24]以上这些文献定义的企业环境行为基本都是企业做出的保护环境的行为，或者为了治理环境污染而采取的一些行为。本篇将企业环境行为定义为两方面的内容：一是企业在环境政策和外部公众压力的影响下，或者为了维护自身形象和增加自身价值，对环境污染所做的治理以及为预防环境污染所采取的措施；二是企业在单方面追求经济效益最大化的过程中，做出的忽略环境保护或者做出的违反法律法规的行为。

企业的环境行为具有外部不经济性的特征，它既涉及企业外部状况，也贯穿于企业整个生产经营过程，所以企业必须承担相应的环境责任。为了规范企业的环境行为，引导企业承担其相应的责任和义务，国家出台了相关法律规制企业的环境行为。在 20 世纪 90 年代之前企业对环境行为及问题的反应是被迫式的，主要依靠已颁布的法律法规来协调。各组织并没有十分看重企业生产经营过程中产生的环境问题。[25]到了 90 年代以后，企业才越来越重视环境问题，越来越多的企业将环境事项纳入管理的范畴。现今人们不仅仅关注一个企业的经济效益，而是将环境保护作为考察一个企业很重要的事项，开始更多地关注企业的环境行为。一些外部股东、投资者、债权人等对企业环境管理的关注程度正在不断增加。这使得越来越多的企业开始披露相关的环境信息，来间接地表达企业想要可持续发展的决心和信心。并且如今的民众期望获得的是更加具体化和更加量化的环境行为信息，并不满足于有些企业只是对环境管理情况的泛泛而谈，或者只是进行文字性的描述，因为企业披露的这些信息会更直接地影响到投资者、债权人等利益相关者的决策。

2.1.2 企业环境行为评价

最早企业环境行为评价研究的内容是企业的环保行为带来的企业经济效益改变。这时的代表理论是新古典经济学静态理论。当时的专家学者们通过实证分析法分析了两者之间的关系：企业的经济效益会随着企业环境管制的增多而下降。[27]但是随后的动态经济学研究推翻了这一观点，认为企业的环境管制行为会增加企业的经济效益。[28]认为企业在进行环境管制后不仅会使企业的成本发生变化，也会使企业的环境行为发生变化，促使企业进行技术创新，从而增加企业生产力，提高盈利能力和利润率。[29]随着公众环保意识的提高，公众将企业带来的环境影响置于首位，而不仅仅片面地追求企业带来的经济效益。于是专家学者开始研究外部因素对企业环境行为的影响。[30]

有一部分学者比较不同的外部影响对企业的环境行为的作用效益，并进行评价；有一部分学者研究对企业环境行为进行评价对环境污染改善的作用。[31]

自 20 世纪 90 年代至今，专家学者们一直对企业环境行为评价的理论进行扩充，并且着重研究评价方法。企业环境行为评价是指环境保护部门或者相关政府部门根据企业生产经营活动所造成的环境影响，按照制定的评价指标和模型，对企业环境行为进行综合评价，根据评价结果定级并进行公示，是企业环境管理情况的综合、直观的反映。[26]企业环境行为评价是随着政府和公众对环保工作的重视而逐渐发展起来的。它是一个对环境进行管理的过程和工具，目的是为企业内部和外部的利益相关者进行环境方面的决策提供相关、可靠的信息。

2.2 企业环境行为评价的理论基础

一篇文章所引用的理论依据是写作该文章的良好基础，本篇所引用的理论基础有环境管理学理论、可持续发展理论、经济外部性理论。

2.2.1 环境管理学理论

企业环境管理是最早出现的与企业环境行为有关的概念。企业环境管理的概念最早是在墨西哥被提出的。它是管理科学与环境科学的交叉综合性学科，是将管理学的知识延伸应用于环境治理领域。随着公众环保意识的提高，环境保护运动的兴起，环境管理的法律法规也日益完善，这些改变对企业的生产经营过程也造成了很大影响，企业管理者被迫在生产经营过程中关注环境问题，企业环境管理的概念开始盛行。美国学者认为，企业将其生产经营过程中产生的环境污染减少到最低或者为治理已经形成的环境污染所付出的努力和采取的措施就是企业环境管理。[32]有学者提出了企业环境管理的 3 个目标是：降低生产经营过程对环境造成的污染、最大化提高资源利用率、提高员工参与环境保护的积极性。有的学者是从产品整个生命周期的角度进行研究的，他们认为企业环境管理是为了使产品生命周期的每个环节对环境的影响最小化而采取的措施。[33]有些学者提出了"投入—生产—产出"的组织管理目标，他们倡导企业将资源和环境管理结合到企业的日常经营生产活动中去，将环境保护作为企业的一个重要目标加以考虑，从而提出了全面进行环境管理的概念。即企业在日常经营生产过程中应当尽可能地使用可再生资源，减少三废排放，避免发生环境污染事故，使企业所带来的环境成本最小化。

概括起来，国内外学者的研究成果主要是从以下四个方面对环境管理进行研究：①企业进行环境管理的目标。其目标是在建立可持续发展的社会体系的同时，可以让后代有可利用的资源和可赖以生存的环境，保证社会的协调发展；②企业进行环境管理的实质。其实质是通过各种方法来规范人类损坏环境和浪费资源的行为，使自然的承载力和自净能力能够满足人类的相关活动对环境的损害；③企业进行环境管理的过程。这个过程是一个持续发展的过程，是动态的，要随着科技的进步、社会的发展来及时调整管理的策略和方法，不断地进行创新；④企业环境管理的对象。所有的管理活动的对象都是人，人既要进行管理又要被管理，环境管理包括对人的管理还有对其他主体的管理。

2.2.2 可持续发展理论

"可持续发展"的基本思想是1946年由希克斯在其著作中提出的。"可持续发展"这一词汇在1987年由世界环境和发展委员会（WCED）第一次对外提出，该委员会对人类社会目前存在的种种环境问题都进行了深刻的剖析，总结来说有三个主要观点：①应当明确地认识到资源能源是无法再生的，是有限的，人类不能无节制地生产开采下去；②如果人类大规模地生产，无节制开采资源能源，能源危机必然长存，最终会导致生态危机；③如果人类不采取相应措施来减缓危机，那么后代人将无资源可用，将无法拥有良好的生活生产环境。

国内外的学者对于"可持续发展"的理论观点有诸多定义：Hin（2001）指出，企业在保证自身经济效益发展的同时还要降低对环境的污染并加强对污染的治理，来改善所有人的生产生活环境水平就是企业可持续发展。[34] William（2002）提出，企业应当综合考虑环境、社会、经济三方面因素，将可持续发展的思想融入战略中，将产品或服务在整个生命周期内以一个更具有可持续性的方式来体现。刘力钢（2001）认为，企业在发展过程中既要提高市场竞争地位来保证经济目标的实现，又要在逐渐恶化的经营环境中始终保持能力的提高和盈利的增长，来保证自我生存和永续发展就是企业的可持续发展。[35]李占祥（2002）从两个方面来定义企业可持续发展：一是企业是自然生态系统中的一部分，其发展目标应与国民经济的可持续发展保持一致，努力实现人与环境的和谐；二是企业自身要维持其生命力的持续性，必须进行科学的管理，来维持企业持续、健康、快速的成长，才能同环境保持协调发展。[36]

近些年随着国内城市雾霾天气的频频出现，人们开始越来越关注和认可可持续发展的思想理念。当前的市场经济对"可持续发展"的理论观点进行了重新定义：当代的发展在满足自身物质需求和精神需求的前提下，又不对后代人的生活生产质量造成威胁，并以公平性、持续性、共同性为三大基本原则。可持续发展并不是单一片面地追求环境维护，或者只追求经济发展，它所倡导的是一种环境和经济的共同发展，包含了环境资源的可持续、企业和社会发展的可持续，是一种在社会环境下的多方位、多角度的整体循环。是企业环境行为评价的基础理论。可持续发展理论的最终目的是使企业在自身生产经营活动中达到共同、协调、公平、高效、多维的发展，而且应时刻牢记可持续的发展观念，关注企业的产品和服务等是否遵循了可持续发展的原则，而企业的这些做法，又同时满足了环境行为评价和企业社会责任的客观要求，所以本篇选取可持续发展理论作为基础理论。

2.2.3 经济外部性理论

由于不同的学者对于外部性研究的角度不同，因而赋予了其不一样的概念，总的来说可以分为两种。[37]萨缪尔森和诺德豪斯是从产生主体角度对外部性进行定义的：外部性是指一个个体或者单位通过生产经营活动给其他个体或者单位带来了无需补偿的损失或者无需偿付的收益。[38]兰德尔是从接受的主体来进行定义的：一个主体或者单位并没有参加相关决策，但是决策的结果给其带来了损害或者收益。[39]上述两种不同的定义只是从不同的角度进行阐述，其本质上并没有什么差别。

负外部性可以理解为某个主体的经济活动对其他主体造成了不利影响，而被影响的那个主体又不能私下请求赔偿，所以要采取更有效的途径来解决两者之间的矛盾。[40]由于环境资源是无形的，所以环境污染对受害者造成的损害不可以具体衡量，这就需要政府出面来对企业的环境行为进行监管，减少环境污染，推动社会和企业的可持续发展。

2.3 企业环境行为的评价方法

企业环境行为的评价方法及其应用研究是最近环境科学与管理科学研究的热点内容。学者们的研究结论为我国的社会发展、经济繁荣和环境保护等起到了充分的促进作用。通过对国内外相关文献资料进行梳理，目前主要有以下 5 种评价方法。

2.3.1 层次分析法

层次分析法最早由美国运筹学家萨迪（Saaty T. L）于 20 世纪 70 年代提出，他把复杂的目标层分解成若干维度，并将这些维度归并为不同的层次，每个层次都选取有代表性的指标，之后对每个指标的重要性进行衡量，通过一定的方法就可得出不同指标所占比重，为最佳方案的选择提供依据，最后得到一个可以从多方面进行分析的模型。它同时使用了定性分析和定量分析，为了降低主观性影响，使结果更加科学客观，此方法将定性指标进行量化后再进行系统分析，使复杂的问题简单化，使模糊的问题具体化，然后做出决策。不像其他的方法在分析时需要大量的数据和样本量，不易收集，层次分析法所需的样本量和环境数据量少，可靠度比较高，还可以有效减少误差，从而使环境行为评价系统指标间的量化更为简化，也更为科学。因此，很多学者采用层次分析法对企业环境行为进行评价。[41]本篇也将采用层次分析法对京津冀企业环境行为进行评价。

层次分析法虽然可以使复杂问题简单化，模糊问题具体化，在确定指标所占比重方面具有一定的优势，但其有效性往往会随着某一指标的下一层直属分指标的增多而降低。[42]所以我们在选取二级指标时一定要严格控制二级指标数量，不能超过 9 个，保证指标的有效性。

2.3.2 平衡记分卡法

平衡记分卡（Balance Score Card，BSC）是由美国学者卡普兰（Robert S. K.）和诺顿（David P. N.）于 1992 年提出的一种适用于多种情况评价的方法。当时的一些环境行为评价办法主要以财务指标为数据依据，不能全面反映企业的环境行为，所以两位学者提出这样一种综合评价方法。非财务指标是平衡记分卡中比较注重的信息，所以这种方法比较适用于考核企业环境行为这类难以量化的指标。[43]虽然平衡记分卡强调使用非财务指标的重要性，但是在评价企业环境行为时也同时兼顾了财务指标，所以该方法可以全面反映一个企业环境行为的好坏，目前大部分学者都采用这种方法来对企业环境行为进行评价。[44]

传统的对企业环境管理状况进行评价的方法主要是采用一些财务指标来进行评价，平衡记分卡法与之不同，它以企业的环境信息为基础，分析完成企业达到环境管理目标的关键因素所在，并对这些关键因素进行评价。但是其评价程序比较复杂，所做的工作量也比较大，除了对企业环境管理目标有深刻理解外，还需要将它做一个细致的分解，分解到具体的下级目标，找出符合要求的环境行为评价指标，并对这些指标进行量化。此外，对企业环境行为进行评价还涉及到各指标之间的一个所占比重大小问题，所占比重大小不同也会使最终得出的结论不同，因此平衡记分卡法在企业环境行为评价领域不是百分百适用。

2.3.3 人工神经网络法

人工神经网络（ANN）由鲁梅尔哈特（Rumelhart D. E.）和麦克莱伦德（Mc Clelland J. L.）于1985年提出，[45]是从信息角度来描述人类大脑系统神经元的特性。它是一种模型，按照不同的连接方式形成不同的网络。近几年来，对于人工神经网络的研究已经深入各个领域，比如信息领域、医学领域、经济领域、交通领域、心理学领域等。[46]ANN在这些领域的应用解决了很多现代难以解决的复杂问题。企业环境行为问题是十分复杂的，ANN可以模仿甚至代替人类思维的部分功能，来构造出符合实际情况的模型的结构，得到评价系数，然后确定进行企业环境行为评价的解决办法。

人工神经网络的优点可以概括为以下3个方面：①该网络可以对复杂的环境行为评价问题进行非线性映射；②ANN具有自学能力；③ANN自身具有一定的推广和概括能力。所以目前ANN在企业环境行为评价中得到了广泛应用，但是绝大多数的ANN模型要优化的目标函数会非常复杂，导致学习过程缓慢，所需时间较长，而且失败的可能性较大。不仅如此，网络结构的选择一般只能人为决定，主观性较强，所以在解决企业环境行为这类实际问题时具有一定的局限性。

2.3.4 模糊评价法

企业的环境行为是一个很复杂的问题，受很多方面条件的影响，这些因素难以量化，相互之间又存在一定的关联，所以往往很难或者无法直接对企业环境行为的一些指标进行量化。而模糊评价法（Fuzzy Comprehensive Evaluation，FCE）自然语言（语义变量）表达了信息的本质，适用于对难以量化的指标进行综合性评价，并对想要评价的指标以数据化的形式表现出来并进行计算，这种方法的好处是在定性信息的基础上进行量化，从而能很全面地评价企业环境行为。模糊评价法能够将不同因素赋予相关定义，使其易于理解和量化，使评价结果更加清晰，从而适合企业环境行为这类非确定性难以量化问题的解决，因而得到广泛应用。[47]

模糊综合评价法，虽然适用于难以量化的环境信息指标，但是其本身也存在很大缺陷，其识别信息数据的原则十分简单，为最大隶属度原则，不能有效避免指标间重复所带来的问题，有时会出现分类不清，继而造成结果不合理的问题，所以该方法主要运用在量化定性问题和完善理论方面。

2.4 相关文献回顾

本篇在查阅了大量文献之后，首先综述前人对企业环境行为的定义，然后阐述了三个本篇用到的理论基础：环境管理学、可持续发展、经济外部性理论，结合我国和京津冀地区颁布的环境相关法律法规，对环境行为热点研究领域以及现有指标体系进行介绍，最后对所阅读的文献进行梳理并阐述作者对企业环境行为评价的认识。

2.4.1 国外企业环境行为评价

企业环境行为评价的研究是从 20 世纪 80 年代开始的，研究时间不到 30年，主要原因是当时社会公众和政府的环保意识已经有所提高，要求企业公开环境信息的意愿越来越强烈。相对于我国来说西方国家进行企业环境行为评价开展的时间较早，形成的法律法规和研究结论也比较有针对性。

英国从 1980 年开始制定一套评估企业环境方面表现的指标体系，计算企业的环境行为产生的影响。经过将近十年的分析整理后，合并为一套更为全面的指数，成为全球第一份评测企业环境影响的指标资料。[1]

1986 年，美国将公布的有毒污染物排放清单（Toxics Release Inventory，TRI）制定到法律法规中，对一些企业披露污染排放信息形成了法律约束力。[2] 在 TRI 制定之后，美国的国家环保局官方数据显示，从 1988 年到 1994 年 6 年的时间里，美国的有毒污染物排放量只有之前的 56%，TRI 的制定为美国的环境治理提供了良好的制度保障。[3] TRI 是最早形成的要求企业公布环境数据的法律规章制度，它直接要求企业公开对环境产生影响行为的原始数据和信息，这种规定企业直接公布排放物的措施相较于后来发展的评价体系更简单、直接，避免了企业环境行为信息在处理和传递过程中存在的信息丢失和误传问题，并且为企业规范自己的环境行为提供了一定的制约，缺点是还不能形成企业环境行为之间的一个评比。[4]

印尼在 1995 年最先形成了一个企业环境行为信息公开和评价的指标体系，其环境管理局建立了一个"污染控制、评价和评级计划"（Pollution Control，Evaluation，and Rating Program，PROPER），PROPER 是首次出现的企业环境行为信息公开评价制度。PROPER 首先要求企业自主汇报其环境信息，之后政府会进驻到企业中，进行现场检测，也会运用抽查的方式对企业的绿色环保行为进行评级，将结果用 5 种颜色标识，并将结果进行公示。印尼实施的这个企业环境行为评价计划使得印尼的环境管理取得了显著的效果，从 1995 年 12 月起一年时间里黑色企业从 6 个减少到 1 个，红色企业从 115 个减少到 87 个。印尼通过环境管理机构的引导和推动，通过公开简单明了的环境信息，激发调动了公众对于企业环境管理的关注，从而使得企业更加自主化地关注自己的环境行为。[3]

1996 年，ISO 组织经过了一系列的探索研究，发布了 ISO14000 环境管理体系标准。1999 年 11 月又颁布新的体系标准 ISO14031，包含了 1999《环境管理环境绩效评价指南》国际标准和 1999《环境管理环境绩效评价示例》技术报告。ISO14031 建立的这套环境绩效评价体系是以计划（plan）、执行（do）、检查（check）、调整（action）为过程，利用适当的绩效标准权重，将企业环境行为方面的信息转化为政府甚至公众可以理解的数据，进而测量和评价企业的环境绩效。[1] 2013 年，ISO 组织对标准进行了适当修改，现行的 ISO14031 将评估指标详细分为三种指标：管理绩效指标、操作绩效指标和环境状况指标。[6]

1997 年，日本的一些专业公司根据企业对其造成的环境影响进行改善的努力程度来对企业环境行为进行等级划分。2000 年，日本环保部门通过研究当时企业环境行为评价存在的问题，发布了新的《企业环境业绩指标》来考察企业环境保护措施及污染治理成效。2001 年，可持续发展管理评定机构建立的环境绩效评价体系是从环境管理的战略和最后成果来进行评价的。在开展企业环境行为评价活动时，日本的企业首先会进行环境行为的自我评价，然后将其环境信息和评价结果进行披露，从而方便其他研究机构或者有需求的机构来对企业环境行为进行评价。除了企业自身进行评价之外，政府也在积极进行这方面的监管。[5]

发达国家的企业环境行为评价开展较早，研究结果比较客观全面且比较有针对性，对企业环境行为评价体系的研究可以作为全球的杰出代表。首先，发达国家会出台相关的法律法规来对企业的环境行为形成强制的约束，通过法律约束使企业形成自觉管理环境行为的意识，使政府的监督和督促与企业自觉治理相结合，通过两者的共同努力来改善企业环境行为。其次，由于发达国家公众环保意识普遍较高，对企业的环境行为也会形成良好的监督。政府对企业的生产经营过程进行考察，将其对环境产生的影响进行评价，并将评价结果向社会公众公开，这种方法已经在西方国家得到了广泛推广及应用。学习借鉴西方国家在环境管理方面的先进经验，以科学方法评价企业的环境行为，发现不足积极进行改进，将有利于我国可持续发展工作的顺利推进和经济的全面健康发展。

2.4.2 国内企业环境行为评价

与国外相比，我国对企业环境行为评价的研究较少，开展时间较短，取得的成果也比较少。国家首先从制定相关法律法规开始对企业的环境行为进行管理。随之一些学者也开始进行研究，既包括高校中环境相关院系和环保专业的教授、老师或者学生，也包括很多高校研究企业管理、会计与审计等领域的专家和学者。

2.4.2.1　相关法律法规

我国最初是在 20 世纪 70 年代初开始逐步成立环保机构，并开始实行谁污染谁治理，谁污染谁付费的规定。至 80 年代，我国逐步建立了各项环境保护制度，直至 20 世纪 90 年代政府有关部门和企业才开始关注与环境绩效有关的环境会计。20 世纪 90 年代中期 ISO14000 在我国开始实施，这时企业环境行为的概念随着 ISO14000 的引进才进入研究者的视线中。[4] 我国对于企业环境行为的研究直到 21 世纪才逐渐开始增多，并逐渐成为政府关注和学者研究的重点。目前环境保护政策体系在我国已经得到了很大的发展，20 世纪 80 年代以来我国对各个地区环境考核的模式不断地推陈出新，最初是 80 年代初在全国推行的文明城市，然后是 90 年代在全国进行的卫生城市、园林城市、环境保护模范城市的评选，再到 21 世纪初的生态园林城市等，这些城市评选的指标为本篇指标的选取奠定了理论和实践基础。

自 2005 年 11 月国家发布《关于加快推进企业环境行为评价工作的意见》以来，已有多个省、市开展了评价试点工作。[7] 评价体系的推广使我国形成了比较成熟的企业环境行为信用评价体系和管理制度，并制定出了各具地方特色的地方实施办法，如长三角地区的省市、珠三角地区的省市，另外，还有一些其他的省市也出台了有关政策。国内各试点开展的环境行为评价工作对建立适应当前企业现实情况的环境行为评价管理制度作了很好的铺垫工作，提供了大量有益的理论和实践探索，也为国家之后开展类似工作提供了一定的借鉴。[8] 同样河北省环保厅根据原河北省环境保护局《关于印发〈河北省重点监控企业环境行为评价实施方案（试行）〉的通知》（冀环控〔2008〕305 号），对全省 726 家重点监控企业的环境行为进行了评价，并区分等级。全省 726 家重点监控企业中，关停、取缔企业 68 家，参加评审企业 658 家，59 家企业处于第一等级被评为"好"，357 家企业处于第二等级被评为"较好"，235 家企业为第三等级，被评为"一般"，3 家企业最后总结果被认定为"较差"，4 家企业被认定为"差"。

2.4.2.2　企业环境行为评价方法

最初，相关专家学者对企业环境行为进行评价的时候主要使用的是定性评价的方法。根据我国制定的企业环境行为评价标准，在指标上根据实际情况进行增减并制定相关评价体系，最后对企业进行综合评价，并根据评价结果给企业指定等级。王远等选取镇江市和江苏省的企业为研究对象，介绍了这两个省市开展企业环境行为信息披露的情况。熊纬（2007）介绍了企业环境行为评价工作的由来。根据我国环保局出台的《企业环境行为评价技术指南》，制定出企业环境行为评价方法，并进行等级划分，对评价结果按照等级进行颜色标识，对九江市的 104 家企业进行了环境行为评价，最后点明了进行评价的作用和存在的问题并提出了相应的对策。[9]

但是最初的这种评价办法在选取指标时缺乏指标的选取原则，也没有确定选取指标的权重分配，并且评价对象仅限于某一个省市的企业，无法从多方面进行评价并提出改善措施。所以专家学者从多方面多角度对企业环境行为评价体系进行了研究，有的学者对评价指标的选取进行研究，有的学者从企业环境信息披露状况进行研究，有的学者从评价方法进行研究，这无疑为评价模型的制定奠定了很重要的基础。

吴玫玫、张振华、林逢春（2008）选取的是规模较大的企业，以中国五百强企业为研究对象，对这些企业的环境信息披露情况进行了一系列的调查，并建立了企业环保行为信息公开披露指标和等级标准，对所调研企业的环保信息公开情况进行了研究，评价结果显示我国在企业环保信息公示方面尚处于初级阶段，需要进一步完善相关规定和制度。[10]

肖凤（2010）对前人的研究成果进行分析，整理为文献综述，对国内外港口企业环境行为评价体系进行了分析研究，对现阶段评价方法的使用情况进行梳理和分析，并以上海港为研究对象，认为我国应该完善港口企业环境行为评价体系。周曙东（2011）从环境战略、环境管理、环境文化三个维度出发，又将这三个维度细分为 8 个指标建立了企业环境行为综合评价指标体系，为进一步开展企业环境行为评价奠定了理论基础。[11]贾妍妍等以企业环境质量、企业生产经营过程中的环境化过程和企业环保资金投入与环境技术创新 3 个方面为一级指标，对环境行为进行了研究。[12]刘德银（2007）选取了三个指标来对企业环境绩效进行评价，具体包括节能、减排和绿色化生产，并提出如果从不同的主体进行评价，那么可能由于所关注的内容不同，评价的结果也会不一样。[13]樊磊等（2016）对不同尺度的指标体系进行了分析对比，以包头市的企业为研究对象，将包头市的企业环境行为评价指标体系的一级指标定为污染的预防与治理情况、企业的组织管理情况、企业的环境管理情况、企业的社会声誉和影响，并最终确定了 25 个二级指标。[2]

张劲松（2008）认为目前的企业环境行为评价方法大都是定性分级评价，难以更准确地对不同企业之间的环境行为进行量化横向比较。所以他用层次分析法计算指标所占比重，进行评价，然后根据评价标准确定企业的环境行为等级。[14]张艳、陈兆江（2011）以平衡记分卡法和绿色供应链为理论基础，设计了环境行为评价指标体系，并采用层次分析法（AHP）来确定各个评价指标所占比重，最后使用基于标杆管理的模糊评价模型对环境行为进行了评价研究。[15]周英男、李振华（2014）对传统评价指标进行改善，最终得到模型中的一级指标，对一级指标进行具体分析得到更为具体的二级指标，应用AHP 法，并以宝钢集团为研究对象运用建立的模型对企业进行环境行为评价。[16]王燕、赵凌云等（2016）考虑钢铁产品全生命周期过程中可能造成的环境污染和影响，从产品设计到生产过程再到产品报废处理全部实现绿色化，并且要最大限度地提高资源利用率和废物回收利用率，将环境产生的影响最小化，同时还要实现财务业绩的最大化。运用层次分析法确定了各财务指标和非财务指标的权重，为评价我国钢铁企业环境行为提供指导。[17]

金声琅、曹利江（2007）是以酒店服务业为研究对象，利用层次分析法确定指标权重，然后利用模糊评价模型建立了一套环境业绩评价体系，来改善酒店服务行业的环境管理情况。[18]鞠芳辉等（2002）在对前人研究方法进行分析整理的基础上，建立了一套评价体系，并根据企业环境行为信息的特点，利用模糊评价法对其进行评价，为政府拟定环境政策法规提供理论基础。[19]赵丽娟等（2003）在对国内外文献进行分析研究的基础上，选取了企业形成的环境影响度、企业的能源消耗度、资源的回收再利用程度、企业环境社会声誉等 4 个维度作为一级指标，随后将一级指标进一步具体化。[20]根据指标评价体系的特点，进行了模糊综合评价，为企业的环境管理决策提供了理论依据。陈静等（2014）设置了 5 类 22 项评价指标，实行量化百分制评价。制定了一种新的评估模型——模糊综合指数模型，结合 H 省的特点和 H省企业的实际情况，借鉴专家意见进行修正和完善，形成科学合理的指标分值权重。[22]

2.4.3 现有评价模型的不足

（1）企业环境行为评价方法方面：首先，最初政府发布的企业环境行为评价方法大都是使用单一的指标进行评价，是定性分级评价，缺乏具体的评价原则和相关权重分配，难以更准确地对不同企业之间的环境行为信息进行量化横向比较。之后建立的企业环境行为评价指标与模型有了很大的改进，但是依然存在着很多不完善的地方，特别是在确定各指标所占比重和指标量化方面不够科学客观。一个有效的评价模型在企业进行环境行为评价时至关重要，而这种模型要求评价方法应当根据现实情况变化进行不断的改进升级。

（2）企业环境行为评价对象方面：现在政府制定的企业环境行为评价方法中所规定的评价对象不是很全面，其评价对象主要包括以下几种。第一，未按照国家规定标准进行排污的企业；第二，以有毒有害物质作为原材料的企业；第三，发生环境污染纠纷较多的排污企业；第四，在当地有重要影响的企业等。可以看出规定中的这些企业都是一些重污染企业，或者有严重违反污染条例的一些企业，并不适用于所有企业。所以我们需要制定一个更为全面有效的评价体系，适用于大部分的企业，尤其是适用于京津冀地区企业，而不是仅仅适用于一些重污染或者违规企业。

（3）虽然近几年我国对企业环境行为评价的研究有所增加，但是主要还集中在理论研究上，缺乏相关的实践性操作，从而使很多研究成果缺乏实操性，不能真正地应用于现实的企业评价，而企业作为环境污染的主要源头，其环境行为应该得到充分的关注。所以以后的研究应更注重研究的实操性，让理论研究更好地服务于实践。

本篇结合京津冀三地的地域特征，选取更加科学、规范、实用的指标，建立企业环境行为评价模型。通过对京津冀企业环境行为的综合评价，得出三地企业环境行为的优势或缺陷，在京津冀一体化的大背景下，协调区域差异，提出构建统一的环境行为监管政策框架，从而优化京津冀企业的环境行为，实现区域经济的绿色和可持续发展。

2.5 本章小结

本章概述了有关企业环境行为和该行为评价的含义，并阐述了进行该行为评价所依据的理论基础。接着分析了现阶段的政府或者学者进行企业环境行为评价时常用到的方法。分析了这几种方法的优缺点及适用范围，从而确定本篇在进行京津冀企业环境行为评价时所用的评价方法为层次分析法，为本篇京津冀企业环境行为评价模型的提出提供了理论依据。最后对国内关于企业环境行为评价的研究成果进行梳理和学习，并给予了客观的评价。

京津冀企业环境行为评价模型的构建

模型构建首先从指标选取入手，因需要结合京津冀地域特点，因此为使选取的指标更加科学、规范、实用，我们会遵循一定的指标体系构建原则。由于企业环境行为的影响因素很多，所以在评价时需要涉及较多的指标，而这些指标的重要作用是不一样的，如果只是凭借个人判断来衡量每一个指标的重要程度从而给予其一定的权重是不科学的，这样会使得最后得出的结果不是很准确。很多学者在衡量指标的权重时采用的是层次分析法，本篇也使用这种方法。这种方法会对每一个指标的重要程度进行全面的分析处理，使得最后的结果更具科学性和现实意义。

3.1 京津冀地区特点

无论是 20 世纪 80 年代珠三角地区的兴起，还是 90 年代长三角地区的开发开放，都对中国经济的发展起到了巨大的促进作用。反观另一经济增长区域京津冀地区，其作为三大经济增长区域之一，包含了北京首都这一特殊的区域，在国家政策、文化底蕴等方面的优势远远超过另外两个地区，但是单单从经济发展角度来看，京津冀地区的发展远远落后，并且北京、天津、河北三个地区的经济发展程度也相差悬殊。所以京津冀地区的发展有其自身的特点：

（1）三地之间政治和经济地位不同。一方面北京市是中央政府的所在地，是国家的首都，所以北京要做好服务于中央的角色，承担起作为全国政治、经济、文化中心的责任；另一方面，北京又是一个独立的直辖市，因此北京需要承担作为一个独立城市发展的角色。这就造成了京津冀三个地区之间不同的经济和政治地位，并且短期内京津冀不平等的地位很难发生根本性改变。

正是北京地区特殊的政治、经济、文化地位，使得北京地区企业的环境行为受到国家和政府较多的关注。国家和政府关注会在一定程度上影响企业的环境行为，使企业环境管理效果较好。也正是由于北京的特殊角色地位，使得大量的污染企业外迁进入河北，从而使得北京地区企业环境行为的某些评价指标得分得到一个整体的提升。

（2）三地的产业结构差异明显。北京的发展是这三个地区最好的，它自身的优势在科技和服务方面尤为突出，具体体现在第三产业的占比上。2016年的第三产业占地区生产总值的比重高达80.23%，服务业已经成为推动这个城市发展的关键。天津地区经济发展得很迅速，一些高新技术企业和新兴产业在这个地区已经逐渐发展起来，改变了只依靠传统行业的发展模式，但它的发展程度还没有超过北京。第二产业和第三产业在这个地区比较均衡，共同带动了该地区的进步，2016年天津市第三产业占比为56.44%，第二产业占比为42.33%，天津经济进入到"接二连三的工业化高级阶段"。河北的发展速度是这三个地区最慢的，它的经济主要还是依靠传统的一些制造行业来带动，第三产业的发展落后于北京和天津，2016年第三产业占比为41.54%，第二产业所占比重为47.57%。虽然和北京、天津相比，河北地区发展不是很快，但是它自身的经济增长速度是比较快的，在未来的发展中也有着很大的潜力。

正是三个地区产业结构分布的不同特点，使得重污染企业为主要产业优势的河北地区受到国家环保部门更多的关注。由于河北地区重污染行业云集，国家和政府对其进行严格的监管，使得该地企业环境行为表现良好。

3.2 指标体系的构建原则

企业环境行为评价问题是一个比较复杂的问题，建立指标体系时除了相关的财务指标，还要同时涉及一些环境方面的信息，而环境方面信息又是比较复杂的，因此，要建立一个科学、客观和完善的环境行为评价指标体系，我们应遵循以下原则。建立指标体系时还要避免指标选取过多，如果过多，各指标之间可能存在重复，无法避免互相间的干扰，但选取的指标也不能太少，如果指标数量不够则不能全面表达企业环境行为所带来的影响。建立指标体系时本篇主要考虑以下 5 个方面的原则：

（1）科学性原则。在环境行为评价领域，关于构建京津冀地区环境行为评价指标体系的研究比较少，但分行业的指标评价体系与评价方法正在不断地规范，毋庸置疑本篇所要建立的环境行为评价体系要科学、客观、规范。我们在指标的选取、定义、数据采集、权重确定等方面都要科学规范，做到真实客观。并且要尽量使选取的各个指标之间相互独立，避免信息重叠，重复计算。

（2）相关性原则。相关性原则指的是指标体系的建立要与京津冀三个地区企业的特点和环境管理的目标相关。首先环境行为评价指标体系的设置应考虑三个地区的特点和共同点，使指标可以恰当地应用于三个地区的评价体系中；其次环境行为评价指标体系应能全面反映企业在污染治理与环境改进方面所做的努力，反映出企业现阶段的环境管理状况，以便于企业更好地改善自身环境行为。

（3）可比性原则。可比性是指京津冀企业环境行为综合评价的指标体系的建立应具有横向的可比性，使三个地区的评价得分可以进行对比，这样才有实用价值。一套评价指标体系的建立并不是只为了评价单独的一个企业，而是为了在京津冀三个地区企业之间通用，因此在选择指标时要充分考虑京津冀三个地区企业的实际状况，比如三个地区国家政策规定不同，产业布局不同等因素。在二级指标选择上，必须是京津冀三个地区的企业共有的特性，使指标在最大程度上得以完善，使三个地区不同企业在相同的时期，甚至于相同的企业在不同时期，以及更大的范围内具有可比性。

（4）易操作性原则。指标的易操作性原则要求在选取京津冀企业环境行为评价指标时要保证选取的指标容易量化，指标的易操作性还要求选取的企业环境行为指标的数据可以直接或者通过一定的方法和专业技术取得。

（5）成本效益原则。在对京津冀企业环境行为进行评价时需要收集企业各方面的环境数据，在收集过程中会耗费一定的资金。所需数据有些可以从社会责任报告、年报或者相关的网站上获取，有些则需要邀请专业的人士，使用专门的技术，并且可能由于专业人员不同或者使用技术不同造成结果有偏差。如果收集信息和数据量化的资金需求过高，则不符合此原则。

3.3 指标的选取

根据《企业环境信用评价办法（试行）》制定的指标体系和上文所述的基本原则再结合京津冀地区的特点，在前人研究的基础上，去除生态保护指标，在保障企业利润最大化的需求上结合环境保护的需求，基于节能减排情况（节能、减排）、环境守法水平（环保事故、违法与处罚）、社会公众影响（投诉曝光、社会声誉）3 个维度，分别选取符合条件的二级指标。同时，考虑当前京津冀三个地区的特点和实际情况，选取 4 个可以体现京津冀企业环境行为信息方面的指标。从前人的研究和政府已发布的评价指标体系来看，节能减排情况、环境守法水平、环境管理水平、社会公众影响这四个方面能够充分反映企业的环境行为信息。

表 3-1　京津冀企业环境行为评价指标

一级指标	二级指标
环境管理水平	环保资金投入
	ISO14001 认证
	环保意识
环境守法水平	环境事故
	环保违法与处罚
节能减排情况	节能改造种类
	减少排污种类
社会公众影响	投诉与曝光
	企业环保社会声誉

3.3.1 环境管理水平

环境管理水平指标是指企业在生产经营过程中为了将其产生的环境污染减少到最低或者最大限度地进行节能减排所付出的努力。具体包括环保的资金投入、ISO14001 认证水平、环保意识 3 个二级指标。

（1）环保资金投入。环保资金投入是指企业对环境保护资金的投入，可以将其分为资本性投入和费用化投入。资本性投入包括企业在购买、更新、置换环保设备和其他环保项目时进行的资本投入；费用性投入包括企业在环保设施运行费、环保设施折旧费等和环保有关的并进行费用化的投入。为了消除企业规模大小对于此项指标的影响，我们使用环保资金投入金额除以企业营业收入的值来作为环保资金投入的代表数。

（2）ISO14001 认证。ISO14001 是一种非常科学的管理体系，它运用计划（plan）、执行（do）、检查（check）、调整（action）的管理模式，对企业进行有效管理。ISO14001 认证水平是指企业是否通过相关环境管理体系认证，旨在帮助企业建立完整的环境管理体系，优化环境行为水平，并向公众传达企业良好的环境行为信息。关于 ISO14001 指标实施情况，本篇从两个方面对企业进行评价，一是企业是否经过 ISO14001 认证；二是企业申请 ISO14001 认证的年数。本篇通过"认证认可业务信息统一查询平台"对企业 ISO14001 认证情况进行查询，考虑到企业如果从现阶段起向前 5 年或者更长时间内均进行 ISO14001 认证，说明企业进行环境管理的开始时间较早，企业现阶段环境管理体系认证已经发展得较为成熟，所以本篇赋予其分值为 100 分；如果企业未进行 ISO14001 认证则赋予分值为 0 分。

表 3-2　ISO14001 认证评分标准

标准	分数
未进行 ISO14001 认证	0
进行了 ISO14001 认证，但是认证年数较少，为 1 年~2 年	50
进行了 ISO14001 认证，但是认证年数较多，为 3 年~4 年	80
进行了 ISO14001 认证，但是认证年数为 5 年或者以上	100
介于两两之间	0~50，50~80，80~100

（3）环保意识。环保意识指标是指企业是否具有环境保护、污染治理和节约能源的意识，还包括企业内部是否建立了相关的环境管理体系和环境紧急处理预案，这其中包括在遇到紧急环境事故时，例如污染物大范围泄露，怎样进行紧急处理，以及处理之后的善后措施等。本篇在企业的社会责任报告和年度报告中查看企业的环境管理状况。如果企业内部成立较为完善的环

境管理部门，建立了完善的环境管理体系，并形成了环境紧急处理预案，说明企业不仅能做到事前预防污染发生，事中治理污染，并且在事后能够对污染事件造成的影响进行及时善后，如此完善的环境管理体系是保证企业进行环境管理的良好前提，所以本篇赋予分值为 100 分；建立了较为完善的环境管理体系和制度但是未建立环境紧急处理预案，说明企业在发生紧急环境事故时可能无从应对，进而使环境事故造成更恶劣的影响，但是又考虑到环境紧急事故是偶尔发生，所以本篇赋予这种情况 80 分；仅简单提到环境管理状况说明企业有一定的环保意识，但是并未落实到实处，本篇赋予分值为 50分；本篇假设企业如果建立了环境管理体系和制度，为了给公众或者其他利益相关者留下良好的印象肯定会积极披露，所以如果没有进行披露，则说明企业未建立相关体系和制度，本篇赋予分值为 0 分。

表 3-3　环保意识评分标准

标准	分数
未披露环境管理体系建设或者未成立环境管理体系	0
仅简单提到环境管理状况	50
建立了较为完善的环境管理体系和环境管理制度	80
建立了较为完善的环境管理体系和制度，并成立环境紧急处理预案	100
介于两两之间	0~50，50~80，80~100

3.3.2 环境守法水平

环境守法作为企业保护环境治理环境的基本保障，可以从一定程度上向公众展示自身在环境治理方面所付出的努力，企业遵守环境方面的法律法规的表现也会在公众心中树立比较良好的形象。此外如果此项得分较高，说明企业在环境守法方面做得较好，得分较低，则说明表现较差，依据此得分政府可以更有针对性地修订相关法律法规，使所有企业意识到遵守环境法律法规的重要性，在遵守环境法律的同时提高环境行为。环境守法水平的具体指标包括环境事故、环保违法与处罚。国家对上市企业的监管力度比较大，所以上市企业几乎不会发生环保事故或者遭遇违法处罚的情况，因此本篇在查询社会责任报告、企业年报和各种媒体网站之后，发现如果企业未发生环境污染事故（环保行政处罚），本篇赋予分值为100分；如果企业本身或者下属企业或者子公司发生一件（一次）或者多件（多次）环境污染事故（环保行政处罚），则说明企业对于其自身、下属公司或者子公司监管不到位，本篇赋予分值为0分。

（1）环境事故。环境事故指标是指企业或者其下属企业近五年时间内是否发生重大环境污染事故、环境违法事件、环境投诉事件或者重复环境投诉事件。

表 3-4　环境事故评分标准

标准	分数
近五年内企业、下属企业或子公司有污染事故、环境违法事故发生	0
近五年内没有污染事故、环境违法事故发生	100

（2）环保违法与处罚。违法与处罚情况是指企业是否由于违反环境方面的法律法规，造成了环境的破坏，或者污染之后是否积极进行应对，比如是否支出清理费、赔款、罚款等。

表 3-5　环保违法与处罚评分标准

标准	分数
近五年内企业、下属企业或子公司被环保行政处罚	0
近五年内没有被环保行政处罚	100

3.3.3 节能减排情况

企业的节能减排情况是企业进行环境污染治理、节约自然资源的根本表现，主要从节能改造种类和减少排污种类两方面来进行衡量。企业节能和减排情况主要看企业是否通过严格管控和科学规划有效减少能源消耗、减少三废排放以及是否对废物进行多次循环使用等。具体指标包括节能改造种类和减少排污种类。整理企业社会责任报告和年报数据得知企业节能种类和减少排污种类一般情况下为 3 到 4 种，所以本篇将企业节能种类和减少排污种类在 5 种或者 5 种以上时赋予分值为 100 分，3 种~4 种时为 80 分，1 种~2 种时为 50 分，本篇假定企业如果进行了节能减排，为了给公众或者其他利益相关者形成良好的印象一定会积极披露，所以如果没有进行披露，则说明企业未达到节能减排相关标准，本篇赋予分值为 0 分。

（1）节能改造种类。节能改造具体表现为企业为节约能源所进行的技术引进、设备改造，以及三废回收利用率的情况等。

表 3-6　节能改造种类评分标准

标准	分数
未披露节能改造情况或者未进行改造	0
仅简单披露节能改造情况或者节能改造后节能种类较少，为 1 种~2 种	50
企业积极进行节能改造，改造后节能种类较多，为 3 种~4 种	80
企业改造后节能种类为 5 种或者以上，并规划了进一步改造情况	100
介于两两之间	0~50，50~80，80~100

（2）减少排污种类。减少排污种类主要看企业是否首先做到按照国家标准排放，在此基础上，与去年相比减少的排污量以及减少的排污种类。

表 3-7　减少排污种类评分标准

标准	分数
未披露排放量或者未进行达标排放	0
仅简单披露排放量，披露种类较少，为 1 种~2 种	50
积极进行减排，积极披露，并且减排种类较多，为 3 种~4 种	80
减排种类为 5 种或者以上，并规划了如何进一步减少排放量	100
介于两两之间	0~50，50~80，80~100

3.3.4 社会公众影响

环境违规事件曝光指标反映了企业环境保护的成果，不仅体现法律对其的认同也体现了民众对企业的认可。有关环保方面的民众投诉与事件曝光越多，则该指标得分就会越小；企业环保社会声誉越好，该指标得分越高。该指标越大，说明民众对于企业的认可度越高。具体指标包括投诉与曝光和企业环保社会声誉。

（1）投诉与曝光。投诉与曝光指标反映了企业是否发生公众环保投诉事件，或者在发生相关环境事故后是否由媒体等机构进行曝光，形成恶劣影响。国家对于上市企业的监管力度比较大，所以上市企业几乎不会发生环保事故，进而遭遇投诉与媒体曝光事件。因此本篇在查询社会责任报告、企业年报和各种媒体网站之后，发现如果企业未发生环境污染的投诉曝光事件，本篇赋予分值为100分；如果企业的下属企业或者子公司发生环境污染的投诉曝光事件，则说明企业对其下属公司或者子公司监管不到位，本篇赋予分值为50分；如果企业自身发生环境污染的投诉曝光事件则本篇赋予分值为0分。

表3-8 投诉与曝光指标评分标准

标准	分数
近五年内有环境污染投诉与曝光事件	0
近五年内下属企业或子公司有环境污染投诉与曝光事件	50
近五年内没有环境污染投诉与曝光事件	100
介于两两之间	0~50，50~100

（2）企业环保社会声誉。企业环保社会声誉是指社会公众、环保部门或者一些专业环境评测机构等对企业环境行为的表现满意度，即在他们看来企业是否积极进行环境管理。本篇对于企业社会环保声誉的评分是根据企业社会责任报告中给出的环境责任评分转化为百分制来进行赋值的，因为企业社会责任报告中给出的评分即代表了专业环境评测机构根据企业的环境行为进行的客观评分。

表 3-9 企业环保社会声誉评分标准

标准	分数
企业评分为 0 分	0
制造业企业 15 分，服务行业企业 5 分，其他企业 10 分	50
制造业企业 30 分，服务行业企业 10 分，其他企业 20 分	100
介于两两之间	0~50，50~100

企业的以上数据来自于企业的社会责任报告中收集的数据资料，以及企业年报、京津冀三个地区的环保局网站等其他相关网站上收集的数据。

3.4 指标权重的确定

确定各指标权重是本篇的重点问题，在对前人的研究进行梳理和分析后，本篇从以下几个步骤来对指标权重进行确定。

3.4.1 构建四个维度的对比矩阵

设定各指标的代表符号：

表 3-10 一级指标与代表符号

符号	一级指标
A_1	环境管理水平
A_2	环境守法水平
A_3	节能减排情况
A_4	社会公众影响

表 3-11 标度含义

标度	含义
$A_{ij} = 1$	两个因素相比，i 与 j 同等重要
$A_{ij} = 3$	两个因素相比，i 比 j 稍微重要

续表

标度	含义
$A_{ij} = 5$	两个因素相比，i 比 j 明显重要
$A_{ij} = 7$	两个因素相比，i 比 j 强烈重要
$A_{ij} = 9$	两个因素相比，i 比 j 极端重要
$A_{ij} = 2n$，n = 1、2、3、4	元素 i 与元素 j 重要性介于 $A_{ij} = 2n-1$ 与 $A_{ij} = 2n+1$ 之间

因素 i 与 j 之间的比较 A_{ij}，则因素 j 与 i 之间的比较为：$Aji = \dfrac{1}{Aij}$

根据上述的标度含义，并结合 4 个维度进行分析，两两进行对比，得到以下结果：

表 3-12　京津冀企业环境行为综合评价判断矩阵

A	A_1	A_2	A_3	A_4
A_1	1	5	2	2
A_2	1/5	1	1/3	1/2
A_3	1/2	3	1	2
A_4	1/2	2	1/2	1

3.4.2 计算矩阵的特征向量和指标权重

根据上述的计算结果对各矩阵求和后，再进行归一化处理，然后对每一列求和，就可以得出 A_1、A_2、A_3、A_4 的相对权重。对矩阵的各列求和：

表 3-13　京津冀企业环境行为综合评价判断矩阵

A	A_1	A_2	A_3	A_4
A_1	1	5	2	2
A_2	1/5	1	1/3	1/2
A_3	1/2	3	1	2
A_4	1/2	2	1/2	1

A	A_1	A_2	A_3	A_4
Sum	2.20	11.00	3.83	5.50

对每一列进行归一化处理，公式如下：

$$B_{ij} = \frac{A_{ij}}{\sum\limits_{i,j=1}^{n} A_{ij}}$$ 。其中 $\sum\limits_{i,j=1}^{n} A_{ij}$ 的值为以上表中每一列的和，然后用每一个元素除以它所在列的和。我们就会得到一个新的矩阵，命名为 Y。

表 3-14　Y 矩阵

B	B_1	B_2	B_3	B_4
B_1	0.45	0.45	0.52	0.36
B_2	0.09	0.09	0.09	0.09
B_3	0.23	0.27	0.26	0.37
B_4	0.23	0.19	0.13	0.18
Sum	1	1	1	1

下表中的 sum 行即为特征向量，是对每一行进行求和的结果。

表 3-15　B_2 矩阵

B	B_1	B_2	B_3	B_4	Sum
B_1	0.45	0.45	0.52	0.36	1.78
B_2	0.09	0.09	0.09	0.09	0.36
B_3	0.23	0.27	0.26	0.37	1.13
B_4	0.23	0.19	0.13	0.18	0.73
Sum	1	1	1	1	4

根据以下公式计算指标的权重。

公式：$W_i = \dfrac{\sum\limits_{i=1}^{n} B_i}{n}$

此时便可以得出 4 个指标的权重：

表 3-16 京津冀企业环境行为评价一级指标权重

B	B_1	B_2	B_3	B_4	Sum	权重 W
B_1	0.45	0.45	0.52	0.36	1.78	0.45
B_2	0.09	0.09	0.09	0.09	0.36	0.09
B_3	0.23	0.27	0.26	0.37	1.13	0.28
B_4	0.23	0.19	0.13	0.18	0.73	0.18
Sum	1	1	1	1	4	1

3.4.3 矩阵一致性检验

计算矩阵的最大特征根，公式：$\lambda = \sum_{i=1}^{n} \dfrac{(AW)_i}{nW_i}$

AW：表示矩阵 A 与 W 相乘。

$$AW = \begin{pmatrix} 1 & 5 & 2 & 2 \\ 1/5 & 1 & 1/3 & 1/2 \\ 1/2 & 3 & 1 & 2 \\ 1/2 & 2 & 1/2 & 1 \end{pmatrix} \begin{pmatrix} 0.45 \\ 0.09 \\ 0.28 \\ 0.18 \end{pmatrix} = \begin{pmatrix} 1.82 \\ 0.36 \\ 1.14 \\ 0.73 \end{pmatrix}$$

最大特征根 $\lambda_{max} = \sum_{i=1}^{n} \dfrac{(AW)_i}{nW_i} = \dfrac{1.82}{4 \times 0.45} + \dfrac{0.36}{4 \times 0.09} + \dfrac{1.14}{4 \times 0.28} + \dfrac{0.73}{4 \times 0.18}$

= 4.04

$CI = \dfrac{\lambda_{max} - n}{n - 1} = \dfrac{4.04 - 4}{4 - 1} = 0.01 < 0.1$，由此可以判定此矩阵具有良好的一致性。

3.4.4 二级指标权重计算

根据以上方法，同样确定二级指标权重。

表 3-17　二级指标与代表符号

符号	二级指标
A_{11}	环保资金投入
A_{12}	ISO14001 认证
A_{13}	环保意识
A_{21}	环境事故
A_{22}	环保违法与处罚
A_{31}	节能改造种类
A_{32}	减少排污种类
A_{41}	投诉与曝光
A_{42}	企业环保社会声誉

3.4.4.1 环境管理水平

环境管理水平各二级指标权重如下表所示：

表 3-18　环境管理水平权重

A_1	A_{11}	A_{12}	A_{13}	权重 W_1
A_{11}	1	5	2	0.26
A_{12}	1/5	1	1/3	0.05
A_{13}	1/2	3	1	0.14

$$A_1 W_1 = \begin{pmatrix} 1 & 5 & 2 \\ 1/5 & 1 & 1/3 \\ 1/2 & 3 & 1 \end{pmatrix} \begin{pmatrix} 0.26 \\ 0.05 \\ 0.14 \end{pmatrix} = \begin{pmatrix} 0.79 \\ 0.1487 \\ 0.42 \end{pmatrix}$$

最大特征根 $\lambda_{max} = \dfrac{0.79}{3 \times 0.26} + \dfrac{0.1487}{3 \times 0.05} + \dfrac{0.42}{3 \times 0.14} = 3.004$

$CI_1 = \dfrac{\lambda_{max} - n}{n - 1} = \dfrac{3.004 - 3}{3 - 1} = 0.002 < 0.1$，由此可以判定此矩阵具有良好的一致性。

3.4.4.2 环境守法水平

环境守法水平各二级指标权重如下表所示：

表 3-19　环境守法水平指标权重

A_2	A_{21}	A_{22}	权重 W_2
A_{21}	1	1/2	0.03
A_{22}	2	1	0.06

$$A_2 W_2 = \begin{pmatrix} 1 & 1/2 \\ 2 & 1 \end{pmatrix}\begin{pmatrix} 0.03 \\ 0.06 \end{pmatrix} = \begin{pmatrix} 0.06 \\ 0.12 \end{pmatrix}$$

最大特征根 $\lambda_{max} = \dfrac{0.06}{2 \times 0.03} + \dfrac{0.12}{2 \times 0.06} = 2$

$CI_2 = \dfrac{\lambda_{max} - n}{n - 1} = \dfrac{2 - 2}{2 - 1} = 0 < 0.1$，由此可以判定此矩阵具有良好的一致性。

3.4.4.3 节能减排情况

节能减排各二级指标权重如下表所示：

表 3-20　节能减排指标权重

A_3	A_{31}	A_{32}	权重 W_3
A_{31}	1	1	0.14
A_{32}	1	1	0.14

$$A_3 W_3 = \begin{pmatrix} 1 & 1 \\ 1 & 1 \end{pmatrix}\begin{pmatrix} 0.14 \\ 0.14 \end{pmatrix} = \begin{pmatrix} 0.28 \\ 0.28 \end{pmatrix}$$

最大特征根 $\lambda_{max} = \dfrac{0.28}{2 \times 0.14} + \dfrac{0.28}{2 \times 0.14} = 2$

$CI_3 = \dfrac{\lambda_{max} - n}{n - 1} = \dfrac{2 - 2}{2 - 1} = 0 < 0.1$，由此可以判定此矩阵具有良好的一致性。

3.4.4.4 社会公众影响

社会公众影响各二级指标权重如下表所示：

表 3-21　社会公众影响权重

A₄	A₄₁	A₄₂	权重 W₄
A₄₁	1	1/2	0.06
A₄₂	2	1	0.12

$$A_4 W_4 = \begin{pmatrix} 1 & 1/2 \\ 2 & 1 \end{pmatrix} \begin{pmatrix} 0.06 \\ 0.12 \end{pmatrix} = \begin{pmatrix} 0.12 \\ 0.24 \end{pmatrix}$$

最大特征根 $\lambda_{max} = \dfrac{0.12}{2 \times 0.06} + \dfrac{0.24}{2 \times 0.12} = 2$

$CI_4 = \dfrac{\lambda_{max} - n}{n - 1} = \dfrac{2 - 2}{2 - 1} = 0 < 0.1$，由此可以判定此矩阵具有良好的一致性。

由此可得出京津冀企业环境行为所有选取指标的权重，如下表：

表 3-22　京津冀企业环境行为评价指标总权重

准则层	权重	指标层	权重
A₁环境管理水平	0.45	A₁₁环保资金投入	0.26
		A₁₂ISO14001 认证	0.05
		A₁₃环保意识	0.14
A₂环境守法水平	0.09	A₂₁环境事故	0.03
		A₂₂环保违法与处罚	0.06
A₃节能减排情况	0.28	A₃₁节能改造种类	0.14
		A₃₂减少排污种类	0.14
A₄社会公众影响	0.18	A₄₁投诉与曝光	0.06
		A₄₂企业环保社会声誉	0.12

3.5 评价模型的构建

本篇从选取的四个维度对企业的环境行为进行评价。根据层次分析法（AHP），按各指标要素的重要程度对其进行排序构造判断矩阵，参考之前研究对指标的评分确定指标权重，得出京津冀企业环境行为综合评价模型。

$$A = 0.45A_1 + 0.09A_2 + 0.28A_3 + 0.18A_4$$
$$= 0.26A_{11} + 0.05A_{12} + 0.14A_{13} + 0.03A_{21} + 0.06A_{22} + 0.14A_{31} + 0.14A_{32}$$
$$+ 0.06A_{41} + 0.12A_{42}$$

企业环境行为会随着 A 得分的升高而有所改善。

3.6 本章小结

本章在分析京津冀地区特点后，从企业环境行为的角度出发，综合考虑京津冀企业环境行为的影响因素来建立相应的评价指标体系。也就是说，每一部分的指标设置应该既能反映出京津冀企业环境行为的影响和作用，又能体现出京津冀企业环境管理的实施效果。在充分考虑环境行为评价指标选取影响因素的基础上，根据相关原则，构建出由 4 个一级指标 9 个二级指标所组成的环境行为评价指标体系，并建立了企业环境行为综合评价模型。

第4章

京津冀企业环境行为综合评价的数据分析

本篇所研究的京津冀地区主板上市企业一共 232 家，其中北京地区 160 家，天津地区 32 家，河北地区 40 家。通过对京津冀企业 2016 年社会责任报告及财务报告进行手动整理，剔除未进行环境数据披露的企业和披露数据不全的企业以及社会责任报告中披露的环境信息有效性不高的企业，共获得 67 家样本上市企业。北京地区 49 家，天津地区 10 家，河北地区 8 家。由此可以看出，北京地区披露环境信息的企业最多，占所有披露企业的百分比也最多，为 74.29%，而天津和河北两个地区进行环境数据披露的企业较少，占京津冀所有披露环境信息企业的百分比分别为 14.28% 和 11.43%。分区域来看，北京地区披露环境数据的企业占比为 32.5%，天津地区为 31.25%，河北地区为 20%，三个地区披露数据的企业所占百分比均比较低，其中河北地区最低。

4.1 北京地区企业数据分析

经过筛选，北京地区企业环境行为信息披露较为完整的企业一共 52 家，以下是根据本篇制定的环境行为评价模型计算的北京地区各企业二级指标得分和一级指标得分以及总分得分情况。

表 4-1　北京地区企业二级指标得分

指标	A_{11}	A_{12}	A_{13}	A_{21}	A_{22}	A_{31}	A_{32}	A_{41}	A_{41}
江河集团	0	2.5	8.4	3	6	8.4	8.4	6	10.2
昊华能源	18.2	0	11.2	3	6	11.2	9.8	6	6.6

续表

指标	A_{11}	A_{12}	A_{13}	A_{21}	A_{22}	A_{31}	A_{32}	A_{41}	A_{41}
中国重工	0	3	8.4	0	6	9.8	8.4	3	7.2
中国黄金	23.4	0	14	0	0	11.2	12.6	6	6.6
中航电子	0	0	8.4	3	6	8.4	8.4	6	8.4
航天信息	0	5	9.8	3	6	9.8	8.4	6	8.4
动力源	0	4.5	9.8	3	6	7	7	6	4.8
华能国际	0	5	11.2	0	6	8.4	9.8	3	6.6
万东医疗	18.2	5	14	3	6	9.8	9.8	6	7.2
万通地产	0	0	8.4	3	6	7	7	6	7.2
有研新材	0	0	8.4	3	6	9.8	9.8	6	8.4
天坛生物	13	2	14	3	6	11.2	11.2	6	7.2
华润双鹤	20.8	5	12.6	0	6	11.2	12.6	3	5.4
同仁堂	0	0	8.4	3	6	8.4	8.4	6	4.8
福田汽车	15.6	5	9.8	3	6	9.8	11.2	6	7.2
用友网络	0	0	11.2	3	6	9.8	11.2	6	8.4
中国神华	26	3	12.6	0	0	12.6	12.6	0	7.2
京城股份	0	0	9.8	3	6	7	7	6	7.2
中国核电	15.6	1.5	14	3	6	12.6	12.6	6	6
中国核建	15.6	3.5	11.2	0	6	11.2	12.6	6	6.6
翠微股份	13	2.5	9.8	3	6	12.6	9.8	6	9.6
国药股份	0	1.5	9.8	0	0	9.8	9.8	0	6.6
北辰实业	13	3.5	11.2	0	6	12.6	11.2	3	4.8
空港股份	0	5	9.8	3	6	8.4	12.6	6	3.6
首开股份	0	3.5	11.2	3	6	9.8	9.8	6	3.6
中国电建	0	4	11.2	3	6	8.4	11.2	6	10.2
大唐发电	15.6	3.5	12.6	0	0	12.6	14	6	6.6
外运发展	0	1	7	3	6	12.6	7	6	10.2

指标	A_{11}	A_{12}	A_{13}	A_{21}	A_{22}	A_3	A_{32}	A_{41}	A_{41}
北巴传媒	0	0	8.4	3	6	8.4	8.4	6	10.8
中牧股份	0	3	11.2	3	6	9.8	9.8	6	4.8
中国人寿	0	1.5	9.8	3	6	9.8	8.4	6	6
国投中鲁	18.2	3.5	9.8	3	6	9.8	8.4	6	4.8
五矿发展	10.4	5	9.8	3	6	8.4	8.4	6	10.2
中青旅	0	0	9.8	3	6	8.4	8.4	6	10.8
歌华有线	0	3	9.8	3	6	9.8	9.8	6	10.8
中国化学	0	5	12.6	3	6	9.8	11.2	6	4.8
中国医药	20.8	0	12.6	3	6	11.2	11.2	6	3.6
中国银行	13	0	11.2	3	6	12.5	11.2	6	10.8
中信银行	15.6	0	11.2	3	6	12.5	12.6	6	10.8
北京银行	13	0	11.2	3	6	11.2	11.2	6	10.8
东兴证券	0	0	5.6	3	6	5.6	5.6	6	9.6
华电重工	0	4	9.8	0	0	11.2	5.6	0	10.2
北方国际	0	5	11.2	3	6	9.8	9.8	6	8.4
金融街	0	0	8.4	3	6	7	7	6	8.4
京东方	26	5	14	3	6	12.6	14	6	9.6
燕京啤酒	15.6	5	11.2	3	6	12.6	11.2	6	6
中信国安	0	4	9.8	3	6	8.4	8.4	6	7.2
安泰科技	13	1.5	11.2	3	6	11.2	8.4	6	7.2
中科三环	0	1.5	9.8	3	6	8.4	8.4	6	6
平均	7.22	2.38	10.54	2.39	5.27	10	9.83	5.39	7.52

北京地区52家上市企业环境行为二级指标评分描述性统计情况如下表所示：

表 4-2　北京地区企业环境行为二级指标评分描述性统计

指标	最大值	最小值	均值	标准差
环保资金投入	26	0	7.22	8.65
ISO14001 认证	5	0	2.38	1.98
环保意识	14	5.6	10.54	1.86
环境事故	3	0	2.39	0.97
环保违法与处罚	6	0	5.27	1.40
节能改造种类	12.6	5.6	10	1.83
减少排污种类	14	5.6	9.83	2.07
投诉与曝光	6	0	5.39	1.60
环保社会声誉	10.8	3.6	7.52	2.16

　　环保资金投入指标所占比重为 0.26，所以满分为 26 分，北京地区企业得分最高为 26 分，最低为 0 分，平均分为 7.22 分。进行环保投资的企业只有 18 家，占比仅为 36.73%，说明各企业间对于环保投入差别较大，更有将近七成的企业并未进行环保投资，或者是并未披露环保投资情况。ISO14001 认证指标所占比重为 0.05，满分为 5 分，北京地区企业得分最高为 5 分，最低为 0 分，平均分为 2.38。进行 ISO14001 认证的企业为 33 家，剩余 16 家并未进行 ISO14001 认证。违法与处罚情况指标所占比重为 0.06，满分为 6 分，北京地区企业所得平均分为 5.51。由此可以看出北京地区上市企业得分情况最差的指标为环保资金投入，其次为 ISO14001 认证。环保违法与处罚指标得分情况最好。

表 4-3　北京地区企业一级指标得分

指标	A₁	A₂	A₃	A₄	A
江河集团	10.9	9	16.8	16.2	52.9
昊华能源	29.4	9	21	12.6	72
中国重工	11.4	6	18.2	10.2	47.3
中国黄金	37.4	0	23.8	12.6	76.8

指标	A_1	A_2	A_3	A_4	A
中航电子	8.4	9	16.3	14.4	48.6
航天信息	14.8	9	18.2	14.4	56.4
动力源	14.3	9	14	10.8	48.1
华能国际	16.2	6	18.2	9.6	51.5
万东医疗	37.2	9	19.6	13.2	79
万通地产	8.4	9	14	13.2	44.6
有研新材	8.4	9	19.6	14.4	51.4
天坛生物	29	9	22.4	13.2	73.6
华润双鹤	38.4	6	23.8	8.4	78.1
同仁堂	8.4	9	16.8	10.8	45
福田汽车	30.4	9	21	13.2	58
用友网络	11.2	9	21	14.4	55.6
中国神华	41.6	0	25.2	7.2	74
京城股份	9.8	9	14	13.2	46
中国核电	31.1	9	25.2	12	77.3
中国核建	30.3	6	23.8	12.6	70.1
翠微股份	25.3	9	22.4	15.6	72.3
国药股份	11.3	0	19.6	6.6	37.5
北辰实业	27.7	0	23.8	7.8	63.8
空港股份	14.8	9	21	9.6	54.4
首开股份	14.7	9	19.6	9.6	52.9
中国电建	15.2	9	19.6	16.2	60
大唐发电	31.7	0	26.6	12.6	75.4
外运发展	8	9	19.6	16.2	52.8
北巴传媒	8.4	9	16.8	16.8	51
中牧股份	14.2	9	19.6	10.8	53.6

指标	A_1	A_2	A_3	A_4	A
中国人寿	11.3	9	18.2	12	50.5
国投中鲁	31.5	9	18.2	10.8	69.5
五矿发展	25.2	9	16.8	16.2	56.8
中青旅	9.8	9	16.8	16.8	52.4
歌华有线	12.8	9	19.6	16.8	58.2
中国化学	17.6	9	21	10.8	58.4
中国医药	33.4	9	22.4	9.6	74.4
中国银行	24.2	9	23.8	16.8	73.8
中信银行	26.8	9	25.2	16.8	77.8
北京银行	24.2	9	22.4	16.8	72.4
东兴证券	5.6	9	11.2	15.6	41.4
华电重工	13.8	0	16.8	10.2	43.8
北方国际	16.2	9	19.6	14.4	59.2
金融街	8.4	9	14	14.4	45.8
京东方	45	9	26.6	15.6	93.6
燕京啤酒	31.8	9	23.8	12	76.6
中信国安	13.8	9	16.8	13.2	52.8
安泰科技	25.7	9	19.6	13.2	54.5
中科三环	11.3	9	16.8	12	49.1
平均	20.14	7.65	19.83	12.91	60.02

从一级指标来看，北京地区上市企业环境守法指标得分情况最好，满分为9分，得分为7.65分。绝大多数的企业都能做到遵守环境相关方面的法律。而环境管理水平指标得分情况最差，满分为45分，得分为20.14分。北京地区企业环境守法指标得分最好而环境管理水平得分较差的原因有以下3点：

（1）北京地区对于环境保护工作比较重视，政府出台的相关法律法规比较完善，在法律法规的执行上也比较严格，并且从 2016 年开始北京环保部门开展了环境监察执法活动：首先，对重点关注的一些企业实行实时监控；其次，实行市民热线随时举报制度；最后，将燃煤纳入专项检查。完善的法律法规，严格的执法力度，实时监督举报，令北京地区的企业对环境违法望而却步。

（2）北京处于产业链的高端，其产业优势主要集中在科技和现代服务业，第三产业所占比重最大，重污染行业和制造行业较少。科技和现代服务业不像重污染行业和制造业企业需要进行三废排放，他们只需要在企业内部实行节能减排制度，倡导员工节约用电、用水、绿色出行等，基本不存在违反环境法律法规的可能性。

（3）可能也正是由于北京地区企业大多为第三产业，环保部门对于其的监管不像对重污染行业和制造业那样严格，所以造成北京地区大部分第三产业企业自身的环境管理水平有待提高。因此各企业应加强企业内部的环境管理水平，成立环境管理部门，做好环境突发事件的应急预案，并加强环保资金投入。

4.2 天津地区企业数据分析

经过筛选，天津地区企业环境行为信息披露较为完整的企业一共 10 家，以下是根据本篇制定的环境行为评价模型计算的天津地区各企业二级指标得分和一级指标得分以及总分得分情况。

表 4-4　天津地区企业二级指标得分

指标	A_{11}	A_{12}	A_{13}	A_{21}	A_{22}	A_{31}	A_{32}	A_{41}	A_{41}
中源协和	0	0	8.4	3	6	7	7	6	7.2
国机汽车	0	0	9.8	3	6	8.4	8.4	6	6.6
海油工程	0	5	9.8	0	6	9.8	9.8	3	7.2
天药股份	10.4	0	7	3	6	5.6	5.6	6	6.6
百利电气	0	0	8.4	3	6	7	7	6	7.2
天房发展	0	0	7	3	6	5.6	5.6	6	8.4

指标	A_{11}	A_{12}	A_{13}	A_{21}	A_{22}	A_{31}	A_{32}	A_{41}	A_{41}
天海投资	18.2	0	9.8	3	6	12.6	8.4	6	10.2
中储股份	18.2	0	12.6	3	6	11.2	11.2	6	7.2
泰达股份	0	0	9.8	3	6	7	7	6	7.8
一汽夏利	18.2	0	9.8	3	6	11.2	11.2	6	7.8
平均	6.5	0.5	9.24	2.7	6	8.54	8.12	5.7	7.62

天津地区 10 家上市企业环境行为二级指标评分描述性统计情况如下表所示：

表 4-5　天津地区企业环境行为二级指标评分描述性统计

指标	最大值	最小值	均值	标准差
环保资金投入	18.2	0	6.5	8.34
ISO14001 认证	5	0	0.5	1.50
环保意识	12.6	7	9.24	1.56
环境事故	3	1.5	2.7	0.45
环保违法与处罚	6	6	6	0
节能改造种类	12.6	5.6	8.54	2.38
减少排污种类	11.2	5.6	8.12	1.96
投诉与曝光	6	3	5.7	0.9
环保社会声誉	10.2	6.6	7.62	1.01

环保资金投入指标所占比重为 0.26，所以满分为 26 分，天津地区企业得分最高为 18.2 分，最低为 0 分，平均分为 6.5。进行环保投资的企业占比仅为 30%，说明各企业间对于环保投入差别较大，有七成的企业并未进行环保投资，或者是并未披露环保投资情况。ISO14001 认证指标所占比重为 0.05，满分为 5 分，天津地区企业得分最高为 5 分，最低为 0 分，平均分为 0.5。进行 ISO14001 认证的企业仅有 1 家，剩余 9 家均未进行 ISO14001 认证。环境事故指标所占比重为 0.03，满分为 3 分，天津地区企业所得平均分为 2.7。说明

天津企业环保事故发生较少。环保违法与处罚指标所占比重为 0.06，满分为 6 分，天津地区企业所得平均分为 6，未出现环保违法与处罚情况。由此可以看出天津地区上市企业得分情况最差的指标为 ISO14001 认证，仅有一家进行认证，所以应督促企业进行 ISO14001 认证。

表 4-6　天津地区企业二级指标得分

指标	A_1	A_2	A_3	A_4	A
中源协和	8.4	9	14	13.2	44.6
国机汽车	9.8	9	16.8	12.6	48.2
海油工程	14.8	6	19.6	10.2	52.1
天药股份	17.4	9	11.2	12.6	39.8
百利电气	8.4	9	14	13.2	44.6
天房发展	7	9	11.2	14.4	41.6
天海投资	28	9	21	16.2	74.2
中储股份	30.8	9	22.4	13.2	75.4
泰达股份	9.8	9	14	13.8	46.6
一汽夏利	28	9	22.4	13.8	73.2
平均	16.24	8.7	16.66	13.32	54.03

从一级指标来看，天津地区上市企业与北京地区企业得分状况类似，环境守法指标得分最高，总分为 9 分，得分为 8.7 分。绝大多数的企业都能做到遵守环境相关方面的法律。而环境管理水平指标得分情况最差，总分为 45 分，得分为 16.24 分。所以各企业应加强企业内部的环境管理水平，成立环境管理部门，做好环境突发事件的应急预案，并加强环保资金投入。

天津地区企业得分情况之所以不乐观，主要原因是天津地区不像北京一样，拥有特殊的角色地位，并且其产业布局的特点也决定了其并不能像河北地区企业一样，受到国家和政府的严格监控，从而造成了天津地区企业环境行为表现较差。

4.3 河北地区企业数据分析

经过筛选，河北地区企业环境行为信息披露较为完整的企业一共 8 家，以下是根据本篇制定的环境行为评价模型计算的河北地区各企业二级指标得分和一级指标得分以及总分得分情况。

表 4-7 河北地区企业二级指标得分

指标	A_{11}	A_{12}	A_{13}	A_{21}	A_{22}	A_{31}	A_{32}	A_{41}	A_{42}
开滦股份	15.6	0	9.8	3	6	12.6	12.6	6	6
三友化工	18.2	5	12.6	0	0	12.6	12.6	0	7.2
保变电气	0	3.5	4.2	3	6	0	0	6	7.2
唐山港	0	5	12.6	3	6	11.2	11.2	6	4.8
冀东水泥	0	5	9.8	0	0	9.8	9.8	3	6
河钢股份	23.4	3	11.2	0	0	9.8	11.2	3	6
新兴铸管	18.2	5	12.6	0	0	11.2	11.2	3	6
冀中能源	20.8	5	12.6	0	0	12.6	12.6	0	9
平均	12.03	3.94	10.68	1.13	2.25	9.98	10.15	3.38	6.53

河北地区 8 家上市企业环境行为二级指标评分描述性统计情况如下表所示：

表 4-8 河北地区企业环境行为二级指标评分描述性统计

指标	最大值	最小值	均值	标准差
环保资金投入	24.7	0	12.03	9.98
ISO14001 认证	5	3	3.94	1.67
环保意识	12.6	4.2	10.68	2.71
环境事故	3	0	1.13	1.39
环保违法与处罚	6	0	2.25	1.98
节能改造种类	12.6	0	9.98	3.92

指标	最大值	最小值	均值	标准差
减少排污种类	12.6	0	10.15	3.94
投诉与曝光	6	0	3.38	2.34
环保社会声誉	9	4.8	6.53	1.18

河北地区企业 ISO14001 认证指标得分情况较好, 满分为 5 分, 得分为 3.94。在八家企业中只有一家未进行 ISO14001 认证。环境事故指标得分情况较差, 满分为 3 分, 得分仅为 1.13 分, 有一半的企业都发生过环境事故, 河北企业应在此方面加强注意。

表 4-9　河北省地区企业一级指标得分

指标	A_1	A_2	A_3	A_4	A
开滦股份	25.4	9	25.2	12	71.6
三友化工	35.8	0	25.2	7.2	68.2
保变电气	7.7	9	0	13.2	29.9
唐山港	17.6	9	22.4	10.8	59.8
冀东水泥	14.8	0	19.6	9	46.4
河钢股份	37.6	0	21	9	71.9
新兴铸管	35.8	0	22.4	9	74.3
冀中能源	38.4	0	25.2	9	75.6
平均	26.64	3.38	20.13	9.9	62.21

从一级指标来看, 河北地区企业节能减排指标得分最高, 满分为 28 分, 得分为 20.13 分。绝大多数的企业都做到节能减排。其他指标得分较为平均, 但仍有待加强。河北地区企业虽然在制造业和服务业中均处于产业链的低端, 且优势产业中以高能耗、高污染、低附加值的传统产业居多, 但是随着这几年政府对环境保护和污染治理的重视, 对河北地区的重污染行业加大了监管和惩处力度, 规定企业必须严格按照排放标准进行三废排放, 否则进行整顿查处, 严重的甚至停业整顿, 使得河北地区企业在节能减排方面做得较好。

4.4 三地结果综合比较分析

通过对以上三个地区企业得分进行整理，三个地区企业的一级指标得分和总分的平均分如下表所示：

表 4-10　各地区综合得分

地区	A1	A2	A3	A4	A
北京	20.14	7.65	19.83	12.91	60.53
天津	16.24	8.7	16.66	13.32	54.92
河北	26.64	3.38	20.13	9.9	60.05

三个地区中总分得分最高的为北京地区企业，得分为 60.53 分，其次为河北地区企业，得分为 60.05 分，最差的为天津地区企业为 54.92 分。

4.4.1 京津冀企业环境行为的地区性差异

京津冀地区企业得分情况有以下几点差异：

（1）北京地区与河北地区企业得分相比，环境管理指标得分情况较差，北京地区企业环境管理水平指标得分仅为 20.14 分，而河北地区企业环境管理水平指标得分为 26.64 分。北京地区企业的环境守法水平得分（7.65 分）和社会公众影响得分（12.91 分）均高于河北地区两个指标得分（3.38 分和 9.9 分）。

（2）天津地区与河北地区企业相比得分较低，原因主要是环境管理水平指标和污染排放强度指标得分情况较差。天津地区企业环境管理水平指标得分仅为 16.24 分，比北京更低，而河北地区企业环境管理水平指标得分为 26.64 分。天津地区的节能减排指标得分为 16.66 分，河北地区节能减排指标得分为 20.13 分。而天津地区的环境守法水平指标得分（8.7 分）和社会公众影响得分（13.32 分）均高于河北地区企业的两个指标得分（5.38 分和 9.9 分）。

（3）北京地区企业得分与天津地区企业得分的差别主要是环境管理指标不同造成的。

造成三个地区评分不同的原因可能有以下几点：

（1）北京作为我国的首都，相关的法律法规比较完善，对企业的监管自然也比较严格，并且北京的产业优势主要集中在科技和现代服务业，北京地区的重污染企业和制造企业占比较小，所以企业自身的环境行为表现也比较好。所以作为首都的北京在企业环境行为方面的评分要高于河北和天津地区的企业。

（2）虽然河北地区的企业大多为第二产业，并且制造业和重污染行业企业居多，仅有少量的服务业还处于产业链的低端，以高能耗、高污染的传统产业居多，但是随着国家近几年来对于环境污染治理的重视，以及对重污染行业企业环境监管的加强，河北的大部分制造业和重污染业企业也加强了对企业环境管理的重视，严格按照环境法律法规要求自己，从以前的乱排乱放，转变为现在的达标排放，甚至节能减排。

（3）天津地区企业在产业分布上介于北京和河北之间，其第二产业和第三产业齐驱并进，共同带动天津地区经济的发展。由于天津地区企业处于产业链的中端，政府对天津地区企业的监管并没有像河北那么严格，同时天津又不像首都北京一样，拥有特殊的政治、经济、文化地位，所以政府对它的监管也不像北京一样严格，这种情况导致天津地区企业环境行为评分在三个地区中处于最低的位置。

4.4.2 京津冀企业环境行为的共性问题

通过上述评分和分析可知，目前京津冀企业在环境行为方面还存在着几个共同的问题，主要有以下几点：

（1）企业环境行为信息的披露情况较差。分区域来看，北京地区披露环境数据的企业占北京地区所有上市企业数量的百分比为 32.5%，天津地区为 31.25%，河北地区为 20%，三个地区披露数据的企业所占百分比均比较低，其中河北地区最低。三个地区企业环境行为的信息披露情况较差，无疑对评价造成了很大的不便，使得政府和学者专家不能便利地取得想要的相关信息数据，从而使评价结果形成一定的误差，导致不能对企业环境行为的不足之处进行分析，并提出政策建议。

（2）环保资金投入不足。本篇中企业环保资金投入满分为 26 分，京津冀三个地区企业平均得分为 7.22 分、6.5 分和 12.03 分，可以看出三个地区企业在环保资金投入方面均有待加强，尤其是北京地区和天津地区的企业。这说明企业在生产经营过程中，只关注企业自身的效益发展，鲜少关注企业带来的环境影响。由于企业在环境污染治理时需要投入一定的资金，但却不会给企业带来显著的短期收益，企业在环保资金投入方面消极怠慢的态度会造成企业环境管理投入资金不足。但是随着社会对环境保护的重视，公众在关注企业经济效益的同时，对企业的环境行为和造成的环境后果也越来越关注。消费者越来越青睐进行绿色生产的、有绿色环保理念的、环境形象好的企业，这些企业在进行市场竞争时也更加有优势。所以一个企业要想健康持续发展，必须在消费者、投资者心中树立良好的形象，这就需要企业在环境保护方面做更多的努力，投入一定的资金，引入绿色生产技术和设备。

（3）企业的 ISO14001 认证情况有待加强。本篇的 ISO14001 认证满分为 5 分，除了河北地区企业得分 3.94 分表现稍好一些之外，北京和天津地区企业均应加强企业的 ISO14001 认证，尤其是天津地区企业。企业进行 ISO14001 认证可以为企业带来诸多好处：第一，可以在企业内部建立完善的环境管理体系；第二，可以向外界保证本企业进行环境管理的决心，使得社会公众或者其他利益相关者对企业产生良好的社会印象；第三，也可以使企业在遇到环境紧急事故时能够第一时间给出回应进行处理，以避免造成更大范围的损害；第四，进行 ISO14001 认证的过程也可以使企业在无形中影响和引导员工的思想，让他们意识到进行环境管理是必须的，让他们形成环保意识，无论是在以后的生活中还是工作中，都能从自身做起，爱护环境、保护环境。

（4）节能减排及废物再次利用程度低。根据上文数据分析可知，三个地区企业在节能减排指标上得分较为均衡，得分情况较好，但是尚有提升的空间。从单个企业来说，节能减排指标的得分情况相差悬殊，有些企业节能减排及废物再次利用的得分情况较好，但是有些企业不能变废为宝，对于三废的重复使用率很低，有些企业甚至超标排放，不能做到按照国家标准进行排放，更不能很好地对三废进行重复利用。由于国家和政府的强制要求，以及为了企业提高自身经济效益，京津冀地区的大多数企业能够跟从国家的倡导减少排放、加强废物利用率、降低能源耗费，但从目前来看，效果还不够明显，没有做到这些的企业还有很多，所以还需要更多企业关注这一问题，为改善企业的环境行为付出更大的努力。

（5）企业自身的环保意识比较低。环保意识指标满分为 14 分，虽然三个地区企业得分均为 10 分左右，但并不说明每个企业都有良好的环保意识。虽然这几年政府加大了对企业环境治理的监管力度，无论是迫于政府监管还是为了企业自身长远发展，很多企业的环境行为有所改善，但还是有一部分企业环保意识比较低。

4.5 本章小结

本章对京津冀地区的 67 家上市企业的环境行为进行了评价。通过计算得出三个地区中总分得分最高的为北京地区企业，得分为 60.53 分，其次为河北地区企业，得分为 60.05 分，最差的为天津地区企业为 54.92 分。说明目前京津冀企业环境行为存在着许多问题需要解决。造成三个地区企业得分不同有以下两个原因：一是三地区产业分布不同；二是政府对三个地区企业监管力度不同。经过上述得分分析，三个地区企业在环保资金投入、ISO14001 认证、节能减排情况以及企业自身的环保意识方面均应该有所加强。

第5章

研究结论与建议

5.1 研究结论

社会的发展提高了人们的生活水平，但随之相伴的必然是资源的耗费和环境的破坏，企业要想可持续发展必须考虑自身造成的环境影响。本篇基于环境管理学理论、可持续发展理论、经济外部性理论，结合京津冀地区上市公司的特点和京津冀三个地区的发展特点，确定了环境行为评价的指标，利用层次分析法确定各个指标的权重，构建了一套环境行为评价指标体系，建立评价模型，对京津冀地区的上市公司环境行为进行打分。结果显示，北京地区企业得分最高，为 60.53 分，河北地区企业得分情况排第二，为 60.05 分，天津地区企业得分最少，为 54.92 分，三个地区企业总得分均不乐观。三个地区企业在环保资金投入、ISO14001 认证、节能减排情况以及企业自身的环保意识方面均有待提高。以下将根据这四个方面从政府和企业两个角度提出相关政策建议。

5.2 政策建议

根据上述评价指标体系和对京津冀企业环境行为的评价得分分析，可以从政府和企业两个角度为京津冀地区企业提出以下政策建议，以促进企业环境行为水平的提高，实现社会环境的保护。

从政府的角度：

（1）完善环境法律法规体系建设。在现代社会，追求利益最大化是企业的根本目标，如果没有来自于政府法律法规方面的规制，企业一般不会去主动披露环境行为的信息，也不会主动进行环境污染治理。虽然法律法规中有一些条例是关于环境治理和信息披露方面的，但是这些条例还未形成一套完整的体系，在一定程度上缺乏科学性和现实意义。所以为了规范企业的环境行为，政府有必要对当前环境方面的法律法规进行完善、细化和扩充，加大对企业环境行为信息披露的监管力度和企业污染环境的惩处力度，使企业自觉进行环境行为信息披露和污染治理。

（2）加强企业对 ISO14001 体系认证的监管。有些企业可能没有意识到要求企业进行 ISO14001 认证使得政府可以对一些企业设定相关的门槛，比如可以规定一些重污染行业企业上市必须通过 ISO14001 体系认证，也可以对通过了环境管理体系认证的企业给予一定数额的奖励，比如对通过了环境管理体系认证的企业予以通告表扬，在评选一些有关环境方面的奖项时可优先参选等。

（3）加强对于企业达标排放方面的监督力度。将三废进行处理后再排放进入自然环境需要企业花费一定的资金成本，为了短期的利益企业并不会进行积极处理，所以需要政府加强对企业的达标排放的监管力度。第一，政府可以成立专门的企业巡视小组，定期以及不定期以抽查的方式对企业进行现场监控以及三废排放检测，对于按照规定积极进行节能减排的企业予以表扬，对于未达标排放的企业可以采取罚款、停业整顿或者吊销营业执照等惩罚措施；第二，企业应该加强群众的投诉渠道，也应该监督企业设置相关投诉渠道，公众的投诉应安排专门人员进行处理、回访。投诉渠道还应尽可能地公开化、透明化，让公众可以随时了解到污染的解决过程。

从企业的角度：

（1）加强企业环保意识。提高环保意识是治理环境污染，进行环境保护的根本所在，也是实现京津冀企业可持续发展战略的最有效途径。这一点京津冀三个地区的企业所得评分均有待提高，特别是天津地区企业的环保意识更有待提高。企业应该组织一些环保教育活动，还应倡导员工多关注和参加社会上其他团体组织的环保活动，通过这些活动，让员工形成节能减排意识。使员工无论是在企业的生产经营过程中还是平时生活中都要有绿色环保的意识。

（2）增加环保投入，引进环保技术，积极节能减排。环保投入是环境污染能否得到预防和治理的重要所在，也是企业环境行为能否得到改善的关键点。增加环保投入力度是治理环境污染、成功开发绿色产品、进行绿色生产的基本保证。虽然现在已经有很多企业意识到要想取得自身的健康持续发展就需要树立良好的环保形象，并且已经投入资金到环境治理项目中。但是环境给企业带来的收益具有滞后性，会对企业的短期利益造成损失，使得大部分企业不愿进行环保投资。科学技术是企业的第一生产力，在环境保护方面，也是同样的道理，企业要想以低成本做到环境保护和污染的防治，必须以科技武装自己，加大创新和先进生产设备投入力度，降低生产过程中产生的污染及能耗，提高"三废"的回收利用。

（3）加强企业 ISO14001 认证，加强自身的环境行为评价体系建设。京津冀企业应建立统一健全的环境行为评价制度，例如：企业应对某些环境指标进行强制披露，在披露之后首先进行企业环境行为自评，然后将评价结果在官网或者其他环境相关网站进行披露，来接受政府和公众的监督。除此之外，企业对环境的保护应该更加深入，比如可以设置环保部门，并指派专业人员进行管理，定期对环境行为信息进行评价，进行核算，以便进行企业环境行为监管。利用得到的环境数据进行分析，及时进行环境行为评价。

5.3 研究局限

现阶段环境行为的研究都还未发展成熟，对京津冀地区企业环境行为的研究更加缺乏，且环境行为研究涉及面广泛，加之本人能力有限，使得本篇在很多方面还存在不足，在以后的研究中应进一步完善京津冀企业环境行为综合评价。本篇的不足主要包括以下 2 点：

（1）环境行为评价指标的选取有待补充和完善。一是因为环境行为评价问题结合了环境、会计、数学等学科，受多学科的影响，而京津冀地区的环境问题也受诸多因素影响，十分复杂，所以对环境行为评价指标体系的研究是一个随着社会科技发展和进步不断更新、不断充实，进而不断完善的过程。由于公众越来越多地开始关注企业在发展过程中所带来的环境问题，进而呼吁企业披露更多有关于环境治理方面的信息，所以如果企业详细地披露环境信息，公众会给予企业一个客观的评价和良好的印象。相信在以后的研究中会选取更多完善的数据和客观的指标来反映京津冀地区上市公司的环境行为问题。二是本篇所选取的各评价指标之间并非严格独立，这就使我们建立的环境行为评价系统并不是百分百客观公正。因为难以找到完全独立的评价指标，所以评价的结果和得分可能包含重复部分和得分，相信在以后的研究中可以选取更加独立的指标，或者找到更加先进的评价方法来克服这个问题。

（2）由于三个地区企业所在行业不同，具体指标的应用效果会有差异。本篇是结合京津冀三个地区的特点，运用统一的指标来对上市企业进行环境行为的评价，评价指标的选取没有结合某一具体的行业特点和地区特点。在以后学者的研究中，可以针对不同情况制定更加具有相对性的指标体系，使研究结果更全面准确，也更具说服力。

参考文献

[1] See J. Thorsten, "Environmental performance evaluation-a tool for industrial improvement", *Journal of Cleaner Production*, Vol. 7, No. 5, 1999, 7 (5), pp. 365-370.

[2] 参见樊磊等："包头市企业环境行为信用评价指标体系研究"，载《环境科学与管理》2016年第5期。

[3] 参见肖风："港口企业环境行为评价机制研究、应用现状及对上海港启示"，载《城市公用事业》2010年第6期。

[4] 参见陈汎："企业环境绩效评价：在中国的研究与实践"，载《海峡科学》2008年第7期。

[5] 参见罗文兵、刘爱东、邓明君："我国重污染行业上市公司环境经营等级评价研究构思"，载《中南大学学报（社会科学版）》2013年第1期。

[6] 参见谭静、孙华："企业环境绩效评价方法及其在我国的实际应用"，载《重庆行政（公共论坛）》2011年第3期。

[7] 参见中华人民共和国环境保护部：《关于企业环境信用评价办法（试行）（征求意见稿）的编制说明》，2013。

[8] 参见关阳、李明光："企业环境行为信用评价管理制度的实践与发展"，载《环境经济》2013年第3期。

[9] 参见熊纬："企业环境行为评价对环境管理工作作用初探"，载《九江学院学报》2007年第6期。

[10] 参见吴玫玫、张振华、林逢春："基于Internet的企业环境信息公开评价及实证研究——对2006年中国500强企业环境信息公开度的分析"，载《中国人口·资源与环境》2008年第4期。

［11］参见周曙东："企业环境行为绩效综合评价指标体系研究"，载《中国国情国力》2011 年第 11 期。

［12］参见贾妍妍："环境绩效评价指标体系初探"，载《重庆工学院学报》2004 年第 2 期。

［13］参见刘德银："企业环境绩效综合评价探讨"，载《理论与改革》2007 年第 1 期。

［14］参见张劲松："企业环境行为信息公开及其评价模型研究"，载《科技管理研究》2008 年第 12 期。

［15］参见张艳、陈兆江："企业绿色供应链中基于标杆管理的环境绩效评价"，载《财会月刊》2011 年第 27 期。

［16］参见周英男、李振华："上市公司环境行为评价模型研究"，载《中国人口·资源与环境》2014 年第 S2 期。

［17］参见王燕、王煦、赵凌云："钢铁企业环境绩效评价指标体系研究——基于生态文明的视角"，载《生态经济》2016 年第 10 期。

［18］参见金声琅、曹利江："黄山市酒店服务业环境绩效评价模型研究"，载《资源开发与市场》2007 年第 12 期。

［19］参见鞠芳辉、董云华、李凯："基于模糊方法的企业环境业绩综合评价模型"，载《科技进步与对策》2002 年第 3 期。

［20］参见赵丽娟、罗兵："绿色供应链中环境管理绩效模糊综合评价"，载《重庆大学学报（自然科学版）》2003 年第 11 期。

［21］参见刘焰、邹珊刚："上市公司购并绩效评价的新指标——创值"，载《上海经济研究》2001 年第 7 期。

［22］参见陈静、吕丹、许鹏飞："基于环境行为的企业环境管理评价研究——以 H 省为例"，载《环境监控与预警》2014 年第 6 期。

［23］参见王凤、王爱琴："企业环境行为研究新进展"，载《经济学动态》2012 年第 1 期。

［24］参见贺晓颖："员工的企业社会责任感知与其亲环境行为的关系：环境关心的中介作用"，天津师范大学 2017 年硕士学位论文。

［25］See F. Dixon, W. Martin, "Valuing Corporate Environmental Performance: Innovest's Evaluation of the Electnic Utilities Industry", *Corporate Environmental Strategy*, Vol. 6, No. 4, 1999, pp. 343-354.

［26］参见孙帅一："基于决策树的企业环境行为信用评价的应用研究"，中南大学 2013 年硕士学位论文。

［27］See P. D. Eagana, E. Joeresb, "Development of a facility-based environmental performance indicator related to sustainable development", *Journal of Cleaner Production*, Vol. 5, No. 4, 1997, pp. 269-278.

[28] 参见吕凯:"外部因素对企业环保行为的影响及评价研究",天津大学 2010 年博士学位论文。

[29] 参见方惠等:"基于环境规制的中国出口企业绩效分析研究——以电子信息出口企业为例",载《生态经济》2008 年第 4 期。

[30] 参见金基瑶、杜建国:"企业环境创新行为研究述评——基于理论的演进脉络",载《商业经济研究》2017 年第 11 期。

[31] See D. Tyteca, "Linear Programming Models for the Measurement of Environmental Performance of Firms—Concepts of Empirical Results", *Journal of Productivity Analysis*, Vol. 8, No. 2, 1997, pp. 183-197.

[32] 参见周曙东:"'两型社会'建设中企业环境行为及其激励机理研究",中南大学 2011 年博士学位论文。

[33] 参见吴翊民:"基于成本收益的企业环境信息披露研究",南开大学 2009 年博士学位论文。

[34] 参见韩春伟:"基于企业可持续发展的业绩评价研究",山东大学 2009 年博士学位论文。

[35] 参见李婷洁:"基于企业价值最大化的企业经营绩效评价体系研究——EVA 评价体系的建立与应用",天津财经大学 2008 年硕士学位论文。

[36] 参见梅雨、熊剑:"基于可持续发展战略的企业绩效评价研究",载《财会通讯》2013 年第 12 期。

[37] 参见黄敬宝:"外部性理论的演进及其启示",载《生产力研究》2006 年第 7 期。

[38] 参见张宏军:"西方外部性理论研究述评",载《经济问题》2007 年第 2 期。

[39] 参见丁艳秀:"企业环境绩效审计评价指标体系研究",长沙理工大学 2009 年硕士学位论文。

[40] 参见潘霖:"中国企业环境行为及其驱动机制研究",华中师范大学 2011 年硕士学位论文。

[41] 参见许阳阳:"基于低碳经济的第三方物流企业环境绩效评价研究",云南财经大学 2012 年硕士学位论文。

[42] 参见王岩明、周全:"论企业业绩评价的平衡记分卡法",载《数量经济技术经济研究》2003 年第 2 期。

[43] 参见赵秀芳:"基于价值管理的企业价值评估体系研究",厦门大学 2005 年硕士学位论文。

［44］参见毛健、赵红东、姚婧婧："人工神经网络的发展及应用"，载《电子设计工程》2011 年第 24 期。

［45］参见李红超："关于人工神经网络的应用研究"，载《电脑知识与技术》2014 年第 6 期。

［46］参见马瑞恩："利用模糊评价法对企业环境效益进行评价"，载《山东省青年管理干部学院学报》2009 年第 2 期。